U0949762

武汉颂大教育科技股份有限公司资助出版

武汉大学教育研究

Wuhan University Educational Research

2018年卷第2辑（总第8辑）

武汉大学　主办

WUHAN UNIVERSITY PRESS
武汉大学出版社

图书在版编目(CIP)数据

武汉大学教育研究.2018年卷.第2辑:总第8辑/武汉大学主办.—武汉:武汉大学出版社,2018.12
ISBN 978-7-307-17313-2

Ⅰ.武… Ⅱ.武… Ⅲ.教育—文集 Ⅳ.G4-53

中国版本图书馆CIP数据核字(2018)第295986号

责任编辑:陈 红 责任校对:汪欣怡 版式设计:韩闻锦

出版发行:**武汉大学出版社** (430072 武昌 珞珈山)
(电子邮件:cbs22@whu.edu.cn 网址:www.wdp.com.cn)
印刷:湖北金海印务有限公司
开本:880×1230 1/16 印张:9.25 字数:269千字
版次:2018年12月第1版 2018年12月第1次印刷
ISBN 978-7-307-17313-2 定价:30.00元

版权所有,不得翻印;凡购我社的图书,如有质量问题,请与当地图书销售部门联系调换。

《武汉大学教育研究》
编辑委员会

主任委员： 窦贤康

编委会成员： 窦贤康　冯友梅　舒红兵　周叶中
沈壮海　龚建雅　张绍东　陈传夫
李平湘　杜晓成　徐东兴　黄明东
吴根友　陈　伟　冯　果　丁　煌
方　卿　周　翔　陈　化　黄介生
唐　炬　余祥庭　唐其柱　彭宇文
徐春林　刘亚敏　蒲　蕊　李保强
程斯辉

主　　编： 周叶中

副 主 编： 张绍东　程斯辉(常务)

责任编辑： 胥青山

目　　录

CONTENTS

·高端论坛·

内地高校港澳台学生社会主义核心价值观认同教育的长效机制研究

余　亮　司文超

(武汉大学　党委研究生工作部,湖北　武汉　430072)

摘　要:本文从理性认知、情感认同、践行意愿、认同教育载体等四个方面深入揭示了内地高校港澳台学生对社会主义核心价值观的认同现状,提出要构建认同教育的组织保障机制、理论学习机制、管理育人机制、文化陶冶机制、实践培育机制、宣传引导机制、典型示范机制和自我提升机制。

关键词:港澳台学生;社会主义核心价值观;认同教育;长效机制

A Study on the Long-term Mechanism of the Socialist Core Values Identity Education for Students from Hong Kong, Macao and Taiwan in Mainland Universities

Yu Liang　Si Wenchao

(Work Department of Graduate Student of Party Committee, Wuhan University, Wuhan, Hubei, 430072)

Abstract: This paper reveals the status quo of the recognition of socialist core values by Hong Kong, Macao and Taiwan students in mainland universities from the aspects of rational cognition, emotional identification, willingness to practice, and the carrier of identity education. It proposes to establish an organizational security mechanism of identity education, theoretical learning mechanism, management education mechanism, cultural cultivation mechanism, practice cultivation mechanism, propaganda and guidance mechanism, typical demonstration mechanism and self-improvement mechanism.

Key words: Students from Hong Kong, Macao and Taiwan; Socialist core values; Identity education; Long-term mechanism

近年来,内地高校国际化办学程度加深,港澳台学生规模逐渐增加,如何有效开展港澳台学生思想政治教育,成为摆在高校思想政治教育工作者面前的一个重要课题。党的十八大报告明确指出:“倡导富强、民主、文明、和谐,倡导自由、平等、公正、法治,倡导爱国、敬业、诚信、友善,积极培育和践行社会主义核心价值观。”作为社会主义核心价值观教育的主阵地,高校开展港澳台学生认同教育至关重要。港澳台学生对社会主义核心价值观的认同和践行不仅直接影响着港澳台学生的培养质量,长远而言,也关乎我国社会主义事业的未来发展与命运。因而,研究与探索内地高校港澳台学生社会主义核心价值

收稿日期:2018-10-11

作者简介:余亮(1987—　),男,湖南岳阳人,硕士学位,现任武汉大学党委研究生工作部副主任秘书,研究方向为大学生思想政治教育。司文超(1979—　),男,研究生学历,武汉大学马克思主义学院2016级博士生,现任武汉大学党委研究生工作部主任科员,研究方向为中国特色社会主义文化、高校党建与思政。

观认同教育的长效机制显得尤为迫切。

一、内地高校港澳台学生社会主义核心价值观认同教育的现状

笔者采取文献参考法、实地调查法、座谈访谈法、问卷调查法等方法，调研内地高校港澳台学生对社会主义核心价值观的认知状况、认同状况、践行意愿，进一步探讨了社会主义核心价值观个体实现程度的评估、教育面临的主要挑战、教育方式的有关评价、认同的影响等内容。笔者面向武汉大学、华中师范大学、厦门大学、中山大学、山东大学发放调查问卷800份，回收问卷671份，回收率为83.9%；其中有效问卷664份，有效回收率为83.0%。分析研究表明，内地高校港澳台学生对社会主义核心价值观的认同现状如下：

1. 港澳台学生对社会主义核心价值观理性认知方面

大多数港澳台学生对社会主义核心价值观有较为准确的认识，但仍有部分港澳台学生认知比较模糊。调查表明，对于“24 字”社会主义核心价值观，60.0%的学生表示“非常了解”或“比较了解”，20.4%的学生表示“比较不了解”，另有16.6%的学生表示“不了解”，3.0%的学生表示“不清楚”。由此可知，40.0%的学生对社会主义核心价值观认知较为模糊。港澳台学生对个人层面的社会主义核心价值观即“爱国、敬业、诚信、友善”有较高的认同度。调查表明，92.4%的学生表示“非常认同”或“比较认同”，6.3%的学生表示“一般”，仍有1.2%的学生表示“不太认同”或“不认同”。对港澳台学生理想信念、利益观、大局观、服务观等进行进一步调查的数据显示，对“个人利益应服从国家利益和集体利益”持肯定性评价的比例为77.8%；对“青年应该胸怀祖国，服务人民”持肯定性评价的比例为79.7%；对“青年应该坚定共产主义理想”持肯定性评价的比例为60.0%；对“人与人之间利益高于情义”持否定性评价的比例为61.7%；对“青年应坚定中国特色社会主义信念”持肯定性评价的比例为66.0%。

2. 港澳台学生对社会主义核心价值观情感认同方面

在积极培育和践行社会主义核心价值观与自身发展的关系方面，大多数内地高校港澳台学生有较为明晰的认识。调查表明，对于积极培育和践行社会主义核心价值观与自身发展的关系，71.2%的学生持肯定性评价，其中分别有10.3%、60.9%的学生认为两者之间“关系十分密切”或“有一定关系”，另有19.2%的学生表示它们之间“关系不大”，6.2%的学生表示“没有关系”，同时还有3.5%的学生表示“说不清”。进一步调查表明，仅有4.4%的学生表示看到网络等新媒体宣传社会主义核心价值观有关内容，会选择“仔细阅读”，48.0%的学生表示会“选择性浏览”，有32.2%的学生选择“大略浏览”，有15.3%的学生表示会“忽略不看”。由此可见，对社会主义核心价值观“视而不见”的港澳台学生有一定比例。55.5%的澳门生源的学生看到网络等新媒体宣传社会主义核心价值观有关内容，表示会“选择性浏览”，这一比例超过香港、台湾生源的学生。36.5%的香港生源学生表示会“大略浏览”。选择“忽略不看”的学生中，以台湾生源的学生比例相对较高，达到21.4%。

3. 港澳台学生对社会主义核心价值观践行意愿方面

数据显示，仅有8.6%的学生表示“已经树立社会主义核心价值观”，52.3%的学生表示“完善中”，有30.1%的学生表示“还没有树立社会主义核心价值观”，有9.0%的学生表示“我树立的是其他价值观”。由此可见，社会主义核心价值观个体实现程度比较低。交互分析显示，不同类型学生对社会主义核心价值观个体实现程度的评价，尤其是生源地、性别、年级、学科背景不同的学生对社会主义核心价值观个体

实现程度的评价存在显著差异。调查表明，仅有24.6%的学生表示“愿意向他人宣讲、传递社会主义核心价值观”，51.8%的学生表示“看情况”，有23.6%的学生表示“没必要”或“不愿意”。由此可见，从对社会主义核心价值观的认同到亲身践行，内地高校港澳台学生中存在较大的知行脱离现象。通过相关分析发现，内地高校港澳台学生对社会主义核心价值观的践行意愿度和对培育和践行社会主义核心价值观与自身发展的关系的评价、对“青年人应该坚定共产主义理想”的评价均呈显著正相关关系。

4. 港澳台学生对社会主义核心价值观教育载体方面

调查显示，社会实践(45.0%)、校园文化宣传(20.4%)、网络新媒体(13.4%)、榜样示范(9.5%)、课堂教学(6.0%)、辅导员思想政治教育(2.5%)、制度规范(1.7%)、导师教育引导(1.5%)成为港澳台学生社会主义核心价值观认同教育的主要载体。调查发现，港澳台学生对通过思想政治理论课进行社会主义核心价值观教育的方式认可度较低，仅有4.7%的学生表示通过思想政治理论课进行社会主义核心价值观教育“效果非常好”，55.2%的学生表示此种方式“效果一般”，有31.0%的学生认为此种方式“效果不大”，有9.1%的学生表示“没有效果”。进一步研究表明，超过一半的内地高校港澳台学生了解社会主义核心价值观的途径是校园文化宣传(64.4%)、网络新媒体(57.8%)、电视报刊等传统媒体(51.6%)，有接近一半的学生认为思想政治理论课(49.6%)是了解社会主义核心价值观的途径。结果表明，学生将辅导员教育(23.9%)、导师及导师组的引导(20.3%)作为了解途径的比例相对较低。

5. 港澳台学生认为社会主义核心价值观教育面临的主要问题

内地高校港澳台学生认为社会主义核心价值观教育面临的主要问题有教育内容、方式、实践活动、主体作用发挥等多个方面。数据显示，分别有超过一半的学生认为社会主义核心价值观教育“内容没有针对性、大而空，与大学生的现实生活关系不密切”(71.0%)、“教育的方式陈旧落后、形式单一，与大学生的话语体系和接受方式不符合”(60.4%)，接近一半的学生认为“缺乏教育实践活动，价值观教育不能‘内化于心，外化于行’”(47.5%)。归结起来，港澳台学生认为社会主义核心价值观教育面临的问题主要表现在：内容没有针对性、大而空，与大学生的现实生活关系不密切；教育的方式陈旧落后、形式单一，与大学生的话语体系和接受方式不符合；日常思想政治教育利用率不高，导师作用未充分发挥；辅导员的宣传教育不够，流于形式；缺乏教育实践活动，价值观教育不能“内化于心，外化于行”；西方错误社会思潮的影响；大学生本身重视度不够，对个人成长不具约束力。进一步分析发现，“社会风气的影响”(63.0%)、“中华优秀传统文化”(52.3%)、“多元文化价值观的影响”(42.0%)、“校园文化的影响”(41.2%)、“大学生群体的影响”(40.2%)、“网络文化的影响”(33.3%)、“导师的言传身教”(16.5%)、“其他”(0.8%)成为影响港澳台学生树立社会主义核心价值观的因素。

二、构建内地高校港澳台学生社会主义核心价值观认同教育的长效机制

1. 发挥领导小组的统筹作用，构建认同教育的组织保障机制

大多数高校有学生工作领导小组、学生党建工作领导小组或者大学生思想政治教育改革领导小组等大学生思想政治教育的统筹协调组织(简称“领导小组”)，学校党政领导任组长，学生工作部、研究生工作部、本科生院、研究生院、组织部、宣传部、统战部、团委、国际交流部(港澳台事务办公室)、马克思主义学院等相关单位为领导小组成员单位。领导小组要将港澳台学生社会主义核心价值观认同教育纳入重要工作统筹，要考虑港澳台学生的思想特点和行为规律，认真规划港澳台学生认同教育的目标、任

务、要求和步骤，科学设计港澳台学生认同教育的方法、路径、载体，将认同教育纳入港澳台学生综合素质培养体系。为了保证大学生社会主义核心价值观认同教育工作取得实效，在组织保障基础上，领导小组要进一步科学设计管理制度和实施办法，确保制度保障；要进一步加大经费投入，甚至需要设立专款，实行专款专用，确保经费保障。

2. 发挥理论课堂的传授作用，构建认同教育的理论学习机制

内地高校大多没有面向港澳台学生开设思想政治理论课，其承担的道德教育功能和政治方向导向作用需要通过其他相关课堂传授。高校需要适应港澳台学生的心理特点和认知状况，有效开展社会主义核心价值观渗透性教育。内地有些高校专门面向港澳台学生开设了中国传统文化、中华民族特色、中国国情等相关课程，将中华传统文化精华与社会主义核心价值观紧密结合起来，有效开展了社会主义核心价值观认同教育。此外，面对新时期港澳台学生的新特点，高校要进一步改革教学内容，改进教学方法，改善教学手段，使授课内容贴近学生的思想、心理和行为需求，引导大学生积极参与，以达到其逐步认同、接受核心价值观的目的。

3. 发挥日常管理的教育作用，构建认同教育的管理育人机制

教学育人、管理育人、服务育人已经成为高校思想政治工作者的共识，构建全员、全程、全方位的育人体系势在必行。高校港澳台学生事务工作人员要有意识地健全管理服务机制，注重将社会主义核心价值观认同教育贯穿于大学生管理服务的全过程。一要构建学习管理育人机制。要充分发挥奖惩制度导向作用，引导港澳台学生树立正确学习观，加强自我学习，营造优良学风。要解决少数港澳台学生思想上存在的突出问题，如学习动力不足、享乐主义倾向严重以及迟到早退、私自缺课、考试舞弊等。二要构建生活管理育人机制。后勤、后保、保卫、医院等管理人员要有机地将社会主义核心价值观融入工作中，形成全员合力做好港澳台学生社会主义核心价值观教育的良好局面。三要构建心理辅导育人机制。要适应港澳台学生身心发展规律，引导他们制订科学合理的职业规划，通过课内辅导与课外帮助、专题讲座与日常教育、座谈与个别谈话相结合等方式帮助他们解决在心理、人际等方面的困惑，促进港澳台学生对社会主义核心价值观的理性认同。

4. 发挥校园文化的熏陶作用，构建认同教育的文化陶冶机制

大学校园文化包括校园硬件文化环境和软件文化氛围两个方面，硬环境是外在环境，软氛围是内在气质。做好港澳台学生社会主义核心价值观认同教育，高校既要构建校园硬件文化环境陶冶机制，借助校园建筑、校园景观、教学设施、文化设施开展认同教育，更要构建校园软件文化氛围陶冶机制，借助大学精神、人文底蕴、文化气韵、学者风范等开展文化熏陶。校园主流文化是社会主义核心价值观在大学校园的直接体现，如爱国爱校、求实创新、乐于助人等，通过主流文化熏陶有利于提高人的素质，促进人的全面发展。但随着社会信息化、文化多元化影响，校园非主流文化日益盛行，如网络文化、短信文化、卡通文化、宿舍文化等越来越受到港澳台学生的关注和青睐，并对主流文化产生了不可忽视的重要影响。高校思想政治工作者要把握舆情，坚持以主流文化为主导，引导非主流文化健康发展，让非主流文化成为社会主义核心价值观认同教育的载体。高校需要积极开展融入社会主义核心价值观的校园文化活动，吸引港澳台学生参与，以武汉大学为例，校园文化超市、思政文化超市、珞珈金秋艺术节、国际文化节、民族文化节、社团文化节、学术科技文化节等对港澳台学生认同社会主义核心价值观产生了良好的熏陶作用。

5. 发挥社会实践的感染作用，构建认同教育的实践培育机制

港澳台学生参加社会实践形式多样、内容丰富，如志愿服务、社会调研、“三下乡”活动、挂职锻炼、生产实践、实习实训、勤工俭学、“三助”锻炼、创新竞赛、创业实践等。依托社会实践加强港澳台学生社会主义核心价值观认同教育还需要注意以下几点：一是要根据港澳台学生特点和需求开展社会实践。社会实践对港澳台学生的思想认识、专业认知、综合能力等方面具有积极作用，管理主体对不同学习阶段、不同学习时期、不同发展需求、不同学科专业的港澳台学生参加社会实践要加以区分对待，努力实现实践育人实效最大化。二是要做好港澳台学生参加社会实践的引导工作。把社会主义核心价值观融入各项主题实践活动当中，深化参加实践活动的港澳台学生对社会主义核心价值观的理解。要挑选政治强、业务精、素质高的指导老师，善于利用社会实践开展思想政治教育。要积极开拓社会实践基地。三是要做好港澳台学生参加社会实践的保障工作。要建立安全教育机制和危机处理机制，要制定吸引港澳台学生积极参与的激励机制，要积极开拓社会实践基地、设立专项经费保障实施。

6. 发挥媒体传播的导向作用，构建认同教育的宣传引导机制

为了增强港澳台学生对社会主义核心价值观的认同，必须使宣传教育顺应大学生的道德情感，做好社会主义核心价值观大众化工作。高校要积极构建全媒体宣传教育体系，把握宣传舆论的主导权和话语权。一方面，要发挥传统媒体作用。校园传统媒体包括电视、报刊、广播、宣传橱窗等，具有广泛的群众基础和丰富的经验。港澳台学生社会主义核心价值观认同教育需要牢牢把握住校园传统媒体主阵地，加大投入力度，加强阵地建设，规范平台管理，创新宣传方式，严格审查制度，倡导主流价值，积极把社会主义核心价值观贯穿到日常宣传报道中，形成有利于认同港澳台学生社会主义核心价值观的强大舆论氛围。面对新媒体的崛起，传统媒体应适时调整发展思路，提升舆论感染力和引导力。另一方面，要发挥新兴媒体的积极作用。要把握官方网页的主阵地，提高网页的吸引力和感染力。网页制作要图文并茂、视听兼备、动静结合，网页内容要喜闻乐见、保证质量、及时更新，营造愉悦心情、陶冶思想的和谐氛围。充分发挥学生自媒体作用，倡导网络文明和依法上网。

7. 发挥模范榜样的引领作用，构建认同教育的典型示范机制

做好大学生社会主义核心价值观认同教育，要抓住党员干部、思政教师和道德模范三类重点人群，以发挥引领、示范和带动作用。要宣传先进典型事迹，以求引领认同教育。全国道德模范、五一劳动奖章获得者、三八红旗手等先进典型和先进事迹是港澳台学生认同教育的有效载体，他们可以从中受到感染，汲取精神力量。要积极培育身边典型，积极挖掘港澳台学生身边的典型学子，评选表彰港澳台学生的先进事迹，树立可亲、可信、可敬、可学的典型学生。高校教师、政工管理和管理人员要担当好教书育人的责任与使命，以高尚的品格感召学生、教育学生，引导学生健康成长。

8. 发挥自主的能动作用，构建认同教育的自我提升机制

在情理交融中认同、在分析鉴别中选择、在社会实践中整合。价值观最终只能是个体在自我构建、自我发展中形成，个体自身的努力是培养科学价值观的关键。大学生认同社会主义核心价值观根本上是在自我教育中实现的。大学生自我教育包括自我修养和自我管理。大学生自我修养是指大学生进行自我教育和自我锻炼，以提升自己在政治、思想、道德以及知识等方面的素养。这是一个不断受到熏陶和感染的过程。只有大学生在社会实践中不断去比较鉴别，才能在思想上发生转化，才能实现对社会主义核心价值观的认同。大学生自我管理是指大学生通过法律、纪律、规章制度和道德规范约束自己，从而调

节和控制自己的言行。大学生只有遵守法律法规、规章制度和道德规范，才能更好地认同和践行社会主义核心价值观，才能进一步提升自己的思想素质和道德水平。

◎ 参考文献

[1] 陈竹林．高校港澳台学生文化认同状况调查研究[J]．成都中医药大学学报(教育科学版)，2015(4)．

[2] 张雅光．论大学生对社会主义核心价值观的认同机制[J]．继续教育研究，2016(8)．

[3] 邱国勇．社会主义核心价值观教育研究[D]．武汉：武汉大学马克思主义学院，2013．

[4] 刘峥．大学生认同与践行社会主义核心价值观研究[D]．长沙：中南大学，2012．

[5] 李晓娟．大学生社会主义核心价值观认同机制研究[J]．党建与思想教育，2014(12)．

[6] 张耀灿．构建社会主义核心价值观养成教育长效机制的思考[J]．社会主义核心价值观研究，2015(1)．

·高端论坛·

大学生学业自我效能感提升行动研究

廖旭梅

(武汉大学 教育科学研究院，湖北 武汉 430072)

摘 要：采用行动研究法对40名大学生实施干预，探索大学生学业自我效能感提升的有效路径。在历时两年的研究中，通过现场观察、问卷调查和访谈等方式收集大量的数据并展开深度分析。研究发现：调节策略指导、期望与鼓励表达、成功机会创造和榜样学习与示范等路径能有效促进大学生学业自我效能感提升。

关键词：学业自我效能感提升；大学生；行动研究

Action Research on Improving College Students' Academic Self-efficacy

Liao Xumei

(Research Institute of Education Science, Wuhan University, Wuhan, Hubei, 430072)

Abstract: This paper adopts the action research method to intervene forty college students to explore the effective way of improving their academic self-efficacy. In the two-year study, a large amount of data was collected through field observation, questionnaire survey and interview and conducted an in-depth analysis. It was found that the adjustment of strategies guidance, expectation and encouragement of expression, creation of opportunities for success and model learning and demonstration can effectively promote the improvement of academic self-efficacy of college students.

Key words: Academic self-efficacy improved; College students; Action research

一、引言

20世纪70年代，美国心理学家阿尔伯特·班杜拉(Albert Bandura)首次提出了自我效能感理论。自我效能感(self-efficacy)是指个体对自己是否具备能力完成某项工作的感知。[1]学业自我效能感(academic self-efficacy)是自我效能感在学习领域的表现，是个体对自己是否具备能力完成某项学习任务的感知与评价。

不少研究发现，学业自我效能感会对学生的学习动机、学习目标定向、学习策略应用、学习努力水平、学业情绪、学习行动力和坚持度等多方面产生影响。在一项研究中，考林斯(Collins)将学生按数学能

收稿日期：2018-09-23

基金项目：武汉大学青年自主科研项目"大学生自主学习能力提升工作坊构建"的部分成果；武汉大学人文社会科学青年学者团队研究平台资助。

作者简介：廖旭梅(1984—)，女，江西赣州人，武汉大学教育科学研究院助理研究员，主要从事大学教学与大学生发展研究。

力分为优、中、差三组，然后又分出高学业自我效能感组与低学业自我效能感组，所有学生接受同样的教学并进行实验观测，结果发现：除了数学能力外，学业自我效能感对学生成绩具有显著影响。[2]另一项研究发现，在许多领域，例如语言、艺术和科学等领域，学业自我效能感与学生的学习动机相关。[3]马尔顿等(Multon，Brown & Lent)对学业自我效能感与学习成绩之间关系的研究进行了元分析，发现14%的学习成绩的变异可归因于学业自我效能感。[4]艾根和考柴克(Eggen & Kauchak)对有关学业自我效能感的研究进行系统分析后发现，具有不同学业自我效能感的学生在自我概念、任务定向、努力水平、意志力、学习信念、学习策略应用和学习焦虑水平等方面都存在明显差异。[5]学业自我效能感对学生学习会产生如此大的影响，因此如何提升学生的学业自我效能感成为摆在教育者面前的重要问题。

二、研究方法与研究对象

1. 研究方法

本研究采用行动研究法对大学生开展干预，促进其学业自我效能感的提升；在干预的基础上，经由理论与实践的反复碰撞，归纳出有效的学业自我效能感提升路径。

行动研究是“对社会情境的研究，是从改善社会情境中行动质量的角度来进行研究的一种研究倾向”[6]。这种研究被运用于社会科学的各个领域，它以解决实际工作中的问题为首要目标并具以下特征：为行动而研究、对行动进行研究和在行动中研究。在行动研究范式下，行动者通常采用“逐步改进”的方法，把最初的设计付诸实施，对实施过程进行观察，不断反思和改进，最后实现问题的解决。有学者发现，当前教育研究与教育实践存在较严重的脱节问题。[7]行动研究将优秀的学习理论应用于教育实践，并在此基础上发展教育理论，从而有助于实现教育研究与教育实践的结合。

在行动研究的框架下，本研究采用多种方法收集资料，主要包括现场观察、问卷调查和访谈等。运用现场观察法，对学生的学习行为进行直接观察；运用问卷法，对学生进行学情调查；运用访谈法，对学生进行个体访谈和团体访谈。

2. 研究对象

本研究采用目的性抽样，在湖北省某民办高校W大学进行。之所以选择民办高校作为样本学校，是因为已有研究表明，民办高校大学生自我效能感普遍低于其他普通高校大学生。[8]本研究的样本是参加该校学习指导工作坊的40名学生，其中男女各20名，分别来自于电子信息科学、对外汉语和广告等多个专业。学习指导工作坊是为促进大学生自主学习而开发的学习指导项目，其目的是通过学习策略指导和教学组织干预等方式促进大学生自主学习水平的提升。整个干预过程分为四个阶段：入场、第一期干预、第二期干预和效果追踪，历时2年。笔者是工作坊设计和实施的责任人。40名学生在了解工作坊情况的基础上自愿报名参加，共进行了75学时的集中学习，平均每位学生另接受了约10次团体辅导和5次个体辅导。

三、大学生学业自我效能感提升探索与实践

1. 问题的发现与诊断

笔者在工作坊成立之初对学生进行了问卷调查、访谈和观察，结果发现，学业自我效能感低的问题

在学生中表现明显。

采用大学生自主学习量表[9]对学生进行调查发现，在12个自主学习维度中，学生的学业自我效能感得分普遍偏低。尤其是对问卷中“对设定的目标，我经过努力总能实现”、“如果我尽力去做的话，我总是能解决难题的”、“我通常能把握学习的难点和重点”等表述，学生的赞同率较低。

对学生的访谈进一步证实了学业自我效能低这一问题的存在。访谈中，超过一半的学生认为自己的学习能力不够强，75%的学生对自己目前的学习状态不满意。学生多用“灰色”的词汇表达对自己状态的不满。例如：“从来没有自豪过”、“一片灰色的天空”、“学习上没有色彩”、“对不起他们(父母)”、“学习就是我的痛”。当笔者问到“成长中令你感觉最有成就感的事情是什么”时，有的学生回答“没有让我有成就感的事”。当被询问到所擅长的事物时，有学生回答“要我说我擅长什么还不如说我不擅长什么”。

2. 工作坊对提高学业自我效能感的干预

鉴于学生学业效能感低的问题以及认识到这一问题给学生学习带来的阻碍，笔者组织实施了提高学生学业自我效能感的干预，帮助学生进行“希望重塑”。工作坊实施的干预活动较为丰富，但归纳起来，对提升大学生学业自我效能感有效的主要有四类：学业自我效能感调节策略指导、期望与鼓励表达、成功机会创造和榜样学习与示范。

(1)学业自我效能感调节策略指导

工作坊对学生开展学业自我效能感调节策略指导，帮助学生掌握学业自我效能感调节策略，以实现学生在学业自我效能感重塑上的自助。指导学生掌握的策略主要涉及以下方面：观念矫正、理性归因、积极征兆探寻和乐观解释风格培养。

观念矫正。对参加工作坊的学生的调查发现，许多学生对学习和自我的观念存在偏颇，这些不正确的观念影响了学生的学业自我效能感。例如，有的学生持有狭隘的学习观，认为大学学习就是对学校指定科目和教材的学习，学习的目标在于考试获得高分。这种学习观不仅使学生容易忽略其他众多学习资源和途径，更使得在学校规定科目上表现不佳的学生否定自己在其他方面的优秀表现。工作坊对学生进行了科学学习观的熏陶，组织学生进行探讨，指导学生建立“大学习观”：大学学习不仅是对学校指定科目的学习，更是全面的学习；不仅是硬技能的锻炼，也是软实力的培养；不仅是书本知识的学习，更要学会从实践中学习和从他人身上学习。科学学习观熏陶的意义不仅在于帮助学生建立正确的大学学习观，还在于帮助学生意识到中小学学习成绩并不对大学的学习及今后的发展起决定作用，指导学生将过去的学习表现与大学学习分开，从而建立对大学学习和对自己未来发展的自信。学业自我效能感低跟学生对自我的不合理认识也有关。工作坊指导学生自我进行理性认识。在教师的专业带领下，学生对自己的长处、短处和潜能等进行了思考和分析。针对学生合理、积极的信念，教师进行了肯定；针对学生对自我不合理、消极的信念，教师组织学生通过辩论和质疑的方式，帮助学生认识到其不合理性并重拾信心。

理性归因。人们对活动结果作出怎样的归因，对个人自我信念有较大影响。韦纳(Weiner)发现，学生一般把学习成败归因于四类因素：能力、努力、任务难度和运气。[10]一般来说，学生如果将成功归因为能力，将失败归因为努力不够，就有利于其建立学业自我效能感；而如果把学习成功的原因归为外部的不可控因素，把学业失败归于自身能力不足，就会影响其学业自我效能感的形成。工作坊学生学习了如何进行合理归因，并掌握了恰当的归因方式。

积极征兆探寻。寻找成功的征兆会对个人信念及行为产生积极影响。有的学生倾向于关注失败征兆，忽略成功征兆，这严重影响了其学业自我效能评价。工作坊鼓励学生对自己的进步进行关注。例如，组织“上周我做了哪些感觉很棒的事情”讨论。学生在工作坊中学习如何关注自己成功的征兆并对自己进行肯定。对于自我效能感低的学生，工作坊建议学生做以下三件事：每天写下三件令自己满意或高兴的事；

给自己开一张积极品质单，然后对自己朗诵这张清单；对自己的学习进程进行记录，感受自己学习的进步。

乐观解释风格培养。工作坊指导学生了解乐观解释风格的重要性，让学生领会用积极解释风格代替消极解释风格来诠释生活事件的意义，并且练习当消极思想出现时如何利用积极的思想去替代。

(2)期望与鼓励表达

教师的期望与鼓励对增强学生的自我效能感具有重要作用，工作坊教师通过多种方式向学生表达期望与鼓励。

通过言语向学生表达期望和鼓励。在工作坊创建之初，教师对所有学生表达了坚定的期望，认定学生有能力掌握和应用适合的策略学习，能通过工作坊的学习增强自己对学习的把控能力。在工作坊学习过程中，教师经常有意识地向学生表达期待，如："晓淳，你具有领导潜力，可以胜任社团的领导"，"晓良，你有行动力，脑子活，会在创业上大有作为"，"晓清，你很有亲和力，当老师的话，学生一定很喜欢你"，"晓汉，你记忆力那么好，考试一定不成问题，好好加把劲"。教师是学生发展中的"重要人物"，如果让学生感受到教师对自己的期望，学生会激发出力量，把这些期望变成他们对自己的"自我期望"，从而学业自我效能感得以提升。

通过行为细节向学生表达期望和鼓励。例如，在工作坊学习过程中，每当有学生举手，或是学生未举手但通过学生的表情能够感受到学生想说点什么的时候，教师会走近学生并鼓励他："××表达一下你的看法?""××，对这一点你怎么看?"通过这种方式，教师给予学生助推之力，鼓励学生发出自己的声音。当学生发表他的看法后，不管正确与否，教师会表示感谢。这虽然不意味着同意他的观点，但通过这种方式能促使学生迈出交流的步伐。

给学生及时的、积极的和持续的反馈，坚定学生"我能行"的信念。及时的反馈可以帮助学生了解自己的表现以及明确将来努力的方向。工作坊每次学习活动开展后，不管多晚，教师都会在当天晚上给每一位学生发去 QQ 留言，肯定他/她在学习中做得好的地方。给学生反馈常用的方法是"三明治法"，即表扬/肯定+批评/建议+支持/鼓励。教师首先指出学生值得称赞的地方，然后指出学生做得不足的地方，最后给学生以积极的话语和行为向学生表示支持。持续的反馈促使学生坚定对自己的信心。

(3)成功机会创造

在一件事情上成功给学生所带来的自信及其能量是不可估量的，因此，需要给学生创造成功的机会，让学生能够通过努力获得成功，感受自己的"能力"，从而提升学业自我效能感。

工作坊注重给学生创设经历和感受成功的机会。晓权是工作坊中较典型的一位学生。他自述一直对学习没有好感，以前在学习上饱受打击和摧残，厌学情绪严重。在访谈中，晓权甚至表示，自己"从来没有从学习中感受到成功和快乐"。

> 小学我从来不写作业，回家之后书包丢到家里就出去玩。每次考试哪怕是抄别人的我都没及格过。高中每天旷课，去打台球，因为贪玩，我被三个班主任开赶过，高中读了四个班。我自认为是搞大事的人，但是来了这里(W 大学)之后发现也不过如此。现在我一般是中午 12 点多钟才起床，再打一下游戏，一直持续到下午，下午同一专业的几个男生就会集体出去吃个饭，吃完饭再回来，之后再在寝室待着。从开学到现在我一共去了两次图书馆。大学一年来我每天就是吃饭、睡觉，这个寝室待一下，那个寝室待一下，另外就是打游戏。很多时候我不去上课，因为我觉得去了也不会听，哪怕是我最喜欢的课，我也听不进去。

与晓权沟通交流后，教师认识到要改变晓权的状态，就要帮助晓权增加对学习的亲近感，让他在工作坊中有成功学习的体验。鉴于晓权外向和善于实践的特点，教师认为由晓权来做工作坊讨论环节的主持是一个可行的做法，希望他在这个主持的“重要工作”中感受到老师对他能力的认可，更希望他在这次活动中能够成功并从中体验到学习的快乐。晓权在接受任务后，以非常认真的态度做了准备工作，讨论环节的主持进行得非常成功。工作坊的同伴反馈学习收获很大。晓权看到大家学有所获，而且对他的组织主持这么肯定，他感觉非常高兴。他表示：“我第一次对自己这样满意！今后不管发生什么事情，我都会感激今天的经历！这门课(工作坊)已经改变了我！”经过一次成功的讨论主持后，晓权对工作坊的学习更积极了。这个经常不去上课的学生在工作坊的学习中没有一次是迟到或缺席的。他说他喜欢工作坊的学习，因为在这里可以看到其他人在怎么学习，因为多了一些快乐时光。其实，更多的原因也许是他感受到了学习带来的成功喜悦，体会到了自己在学习上也是有能力做好的。

(4)榜样学习与示范

人类的大多数行为是通过观察学会的。[11]工作坊注重给学生提供观察榜样、向榜样学习以及给他人进行榜样示范的机会。

提供向榜样学习的机会。学习发生的途径可以归纳为两种，一是实际去做的行动性学习，二是通过观察榜样行为的替代性学习。替代性学习通常以来自于观察和聆听榜样的做法来实现。认识到这一点后，工作坊把榜样学习作为重要的学习渠道之一。工作坊邀请了“榜样”给学生进行经历分享和经验介绍，学生从中实现替代性学习。来自美国一流的小型文理学院 Bryn Mawr College 的学生给工作坊带来了来自国外就读的学习体验。国外的学习方式、学习强度，阅读量和写作量给学生留下了深刻印象，让学生反思自己的学习投入。来自 W 大学本校的优秀学生也给工作坊成员呈现了他们在 W 大学的学习经历。这些高年级学生在初入 W 大学时与工作坊学生的处境是相近的，不同的是，经过几年努力后他们成了优秀的学长学姐。这些经验分享给学生带来了丰富的“间接体验”，学生通过体悟身边人的经历而明晰自己的人生规划和努力方向。学长学姐的经历分享也让工作坊学生感受了高年级朋辈的努力及心路发展历程，这对学生的学业自我效能感提升是一针增强剂：“别人当初和我现在一样，但通过这些年的努力成了那么优秀的人，那我也可以。”

提供给他人榜样示范的机会。工作坊为学生创造成为他人“榜样”的机会。工作坊坚持每位成员都是拥有自己专长的某一领域的“专家”，都可以成为工作坊的老师，将自己的才能教授给其他成员。“每一个人都同时具有老师和学生的身份，每个人的背景和经历不同，人人都可以在一些方面成为老师，在其他方面作为学生。”工作坊采用互为教师的做法，鼓励学生将自己的才能教授给其他同伴。通过将自己的知识教给朋辈，学生不仅有机会对自己所学的知识进一步梳理，获得更深的理解，而且能从传授的过程中获得自豪感和价值感。

3. 干预效果

通过工作坊多方面的干预，学生在学业自我效能上有一定提升。第二期量表后测结果显示，对问卷中“对设定的目标，我经过努力总能实现”、“如果我尽力去做的话，我总是能解决难题的”、“我通常能把握学习的难点和重点”等表述，学生的赞同率有所提升。

学业自我效能感增强体现在学生对自我的感知上。有的学生转变了观念，对自我进行了重新定位。

> 因为我们是一个三本院校的学生，以前总是感觉跟别人一本二本的没有可比性，总是在否定自己。我现在明白了，真正重要的是你这个人怎么样，而不是你在哪里。
>
> 看到校友通过自己的努力成功，曾经是我们身边的他们，成就了自己的梦想，我介绍自己时也会大方地直言我是 W 大学的了……我开始为自己的大学自豪，为自己现在的努力自豪。

我对“理智的重建”感触很深。以前一有不开心的，我总是归结在自己身上，找自己的麻烦，这一度让我很失落、很沮丧，但现在我看得开一些了，遇到不好的事，能理性地想想原因，并解决问题。

学业自我效能感增强也体现在学生的学习行为表现上。许多学生从最初的自我能力怀疑和学习排斥转为相信自己的能力和亲近学习，在工作坊学习中他们非常投入，在其他的科目学习中也增加了学习投入度；有的学生变得敢于有梦想，有的学生更加勇于尝试，有的学生行动力增强了。

人还是需要不断去尝试一些新的东西，经历一些不一样的内容，而不是按部就班去做一些事情。以前我不会自己去争取一些东西，很被动，现在就会主动地去争取，去行动。不再像以前那样因害怕失败而只敢“远观”不敢行动。

“做”其实并没有“想”那么难，关键在于要去挑战。

主动站起来回答问题的感觉和我想象的不一样。

这个项目对我最大的帮助是让我行动起来了，其实之前很多道理也懂，知道应该怎样做，但一直处在思想的巨人行动的矮子这个层面，是这个项目让我试着去做，去行动，而不只是想想而已。

之前想过学跳舞，学吉他，但都只是想想，没有付诸行动，这学期我终于鼓起勇气去挑战了舞蹈。

四、研究启示

学业自我效能感是影响大学生学习的主要动机性因素之一，学业自我效能感低是民办高校大学生中存在的一个较为突出的问题。

大学生的学业自我效能感在一定的干预下可以得到提升。调节策略指导、期望与鼓励表达、成功机会创造和榜样学习与示范四种路径有助于大学生学业自我效能感提升。在这四种路径中，成功机会创造通常是提升大学生学业效能感最为有效的路径。

教师对干预细节的把握对大学生学业自我效能感提升成效有所影响。例如，教师在传递自己的期望和鼓励时态度是否真诚对效果的影响较大。期望效应的作用主体是学生，其效果很大程度上取决于学生对教师期望的感知和认可。学生对教师越信任，其学业自我效能感发生改变的可能性越大。此外，在榜样学习方面，不同的榜样选择对提升学生的自我效能感效果是不一样的。学生与榜样之间的“相似性”越大，榜样对学生提升自我效能感的意义就越大。从某种意义上说，同伴榜样也许比教师榜样更能提升学生的学业自我效能感。一开始处于不完美状态但经过努力转变到更好状态的榜样，比一开始就表现得完美的榜样，对提升学生学业自我效能感具有更好的效果。

本研究以学习指导工作坊实践为基础，探索大学生学业自我效能感提升的有效路径。工作坊的干预具有良好的效果，但平时课程学习和专业学习中让大学生拥有“我能行”的体验对学生学业自我效能感的保持和稳定心理素质的形成也是至关重要的。大学生学业自我效能感的提升需要多方合力，未来仍需进一步深入探索。

（感谢武汉大学教育科学研究院王郢副教授对本文修改提出的宝贵建议。）

◎ 参考文献

[1] Bandura, A. Self-efficacy: Toward a unifying theory of behavioral change[J]. Psychological Review, 1977, 84(2): 191-215.

[2] Collins, J. Self-efficacy and ability in achievement behavior[C]. Paper presented at the meeting of the American Educational Research Association, 1982.

[3] Pajares, F. Gender and perceived self-efficacy in self-regulated learning[J]. Theory into Practice, 2002, 41(2): 116-125.

[4] Multon, K. D. , Brown, D. S. , & Lent, R. W. Relation of self-efficacy beliefs to academic outcomes: A meta-analytic investigation[J]. Journal of Counseling Psychology, 1991(38): 30-38.

[5] Eggen, P. & Kauchak, D. Educational psychology[M]. Upper Saddle River: Prentice Hall, 1999: 403.

[6] Elliot, J. Action research for education change[M]. Milton Keynes & Philadelphia: Open University Press, 1991: 69.

[7] 刘献君. 教育研究中的四个基本要素[J]. 高等工程教育研究, 2011(5): 55-58.

[8] 徐建财. 民办与普通高校大学生自我效能感比较研究[J]. 集美大学学报(教育科学版), 2010(2): 45-50.

[9] 朱祖德, 王静琼, 张卫, 叶青青. 大学生自主学习量表的编制[J]. 心理发展与教育, 2005(3): 60-65.

[10] Weiner, B. An attributional theory of achievement motivation and emotion[J]. Psychological Review, 1985(92): 548-573.

[11] 阿尔伯特·班杜拉. 社会学习理论[M]. 陈欣银, 李伯黍, 译. 北京: 中国人民大学出版社, 2015: 18.

· 高端论坛 ·

高校教师的胜任力模型构建及对策研究

郭雅娇

(大连理工大学　高等教育研究院，辽宁　大连　116024)

摘　要：随着高等教育大众化教育时代的来临，高校的发展已从构筑大楼走向了培养大师。据《中国教育统计年鉴2017》统计，高校教师数量从2010年的134.3万人增加到2016年年底的160.2万人，加之2018年两会政府工作报告所指出的“加强师资队伍和师德师风建设”、“实现高等教育内涵式发展”，与人们以往所关注的教师数量相比，教师质量的重要性越发凸显出来。胜任力研究深受各个学科领域的专家们的青睐，将其运用到对高校教师的研究是探索高校教师发展与当前高等教育发展契合程度，建设高素质高校人才队伍的应然之举。在高校教师的培训体系中如何引入胜任力这一工具，如何立足教师现实需求进行胜任力水平的提升，这些问题急需解决。

关键词：高校教师；胜任力模型；培训体系

The Construction of Faculty's Competency Model and Its Countermeasures

Guo Yajiao

(Graduate School of Education, Dalian University of Technology, Dalian, Liaoning, 116024)

Abstract: Over the years, with the coming of the era of popularization of higher education, the development of universities has changed from constructing buildings to training masters. According to the statistics of *Education Statistical Yearbook* 2017, the number of teachers has increased from 1 million 343 thousand in 2010 to 1 million 602 thousand at the end of 2016. In addition, the importance of the quality of teachers is becoming more prominent compared with the number of teachers in the past, when government work report for the two sessions in 2018 pointed out "strengthening the construction of faculty and their morality" and "realizing the connotative development of higher education". Exploring high-quality teachers that are competent for "double first class" education goals still remains a subject to be further studied. The study of competency is very popular with experts in various disciplines. Applying it to faculty is to explore the agreement between the development of faculty and the development of higher education and the construction of high-quality talents. How to introduce competency as a tool in the training system of faculty? How to improve the competency level based on the actual needs of faculty? These problems need to be solved urgently.

Key words: Faculty; Competency model; Teacher training

收稿日期：2018-04-25

作者简介：郭雅娇(1990—　)，女，山西阳泉人，硕士。研究方向：人力资源管理。

一、高校教师胜任力模型的理论与现实意义

1. 促进多学科交叉的理论创新融合

胜任力研究深受各个学科领域的专家们的青睐，是管理学、心理学乃至教育学领域的重要研究内容。胜任力(模型)研究最初是心理学专家对于人性的探索，随着管理理论的发展，胜任力研究逐渐在各个企业的人力资源管理中发挥价值，之后渗透于教育学领域，用来对高校教师综合素质的研究。总之，胜任力研究有利于众多学科的横向比较，交叉发展，创新学科内涵研究。

2. 推动教育事业的内涵式发展

教师是国家未来之星的直接培育者，是实现教育内涵式发展的的根本所在，是高校发展的核心支撑。大学教师是国家未来高层次人才的培养者，担负着教学、科研、服务社会的重要职责，是大学赖以生存与发展的重要基础，对国家科研项目与创新科技等方面的作用是毋庸置疑的。因此教师尤其是高校教师的培养与发展是目前高校乃至国家迫切关注的热点之一。教师对于国家教育的内涵式发展具有巨大推动价值。21 世纪人力资源最为稀缺，人力资本的增长需要教育的助推作用。同时，教师的整体素质有利于自身的人力资本的培育，胜任力模型的研究对于提高教师综合素质，推动教育事业内涵式发展有重要意义。

3. 助力教育战略目标合理有序实现

2015 年 10 月 24 日公布的《统筹推进世界一流大学和一流学科建设总体方案》，提出了国家在高等教育领域作出的重大改革决策，明确了建设世界一流大学与一流学科即“双一流”的目标[1]；2016 年有关部门对目标进行了进一步的解剖分析，提出了“双一流”的具体要求；2017 年备受教育领域关注的“双一流”名单终于正式对外公布。“双一流”高校的建设自然离不开高素质的师资队伍建设，实施“双一流”的重要任务之一就是优秀的师资队伍建设，因为优秀的教师团队承担着国家重大科研项目的课题任务，也是国家未来栋梁之才的直接培育者，是科技创新、教育强国建设的直接助力者。胜任力模型的研究有助于教育战略合理有序实现。

二、高校教师胜任力模型构建

1. 要素选取原则

胜任力要素的选取是后续工作的基础，需要多方位考量，原则如下：

(1)科学性

对要素进行筛选时，要充分了解高校教师自身的特点与情况，给出合理性的选项，使其能够客观地反映高校教师胜任力的结构和要求。另外，指标要素的选取过程和方法也要严谨，有据可依。只有在科学合理的基础上对特征要素进行选取，才能保障本身所构建的模型具有一定的理论参考价值。

(2)全面性

为了在要素有限的情况下反映多面性的事物，确保综合考量，应该多方筛选，从中择出具有代表性的要素。本文从高校教师胜任力的整体性角度考察、选择、收集涵盖其知识水平、教学技能和个人特质

三个类别的要素，从多视角体现高校教师胜任力的全貌。

(3)综合性

根据胜任力经典模型“冰山模型”可知，胜任力要素包括“冰上”外显性特征与“冰下”内隐性特征两部分。因此，在筛选要素时要格外注意多方考虑，各种特征尤其是较为深层次的特征都要被囊括。还要将一些比较抽象的要素赋值，使其具体化，运用统计方法对定量要素进行分析，等等。

2. 要素选取方法

高校教师胜任力量表是建立模型的地基，只有对已建立好的初步量表进行不断的修缮与润色，最终形成的模型大厦才足够牢靠。因此，这项前期准备工作虽然略为琐碎，但很有必要。本文在对量表要素提取中主要采纳以下方法：

(1)文献法

通过阅读分析国内外关于高校教师胜任力的研究成果，进行要素的频次统计，在此基础上进行汇总，形成模型构建的第一手资料。在分析高校教师工作特点的基础上，本文对涉及这一话题的研究成果进行了统计分析，并进行高校教师胜任力量表具体要素的初步分析、甄选与归纳。

(2)访谈法

运用这一方法，通过深入交谈得到可靠的第一手资料，本文在高校教师胜任力量表的编写过程中，通过与高校专任教师和专家进行面谈，以面对面的形式了解高校教师的实际情况，提高了要素提取的精准性与代表性。

3. 模型最终确立

通过对文献查阅以及对专家的咨询，本文得出了最终的模型，具体结果如表 1 所示。

表 1　　**高校教师胜任力模型**

要素类别	要素细目
知识水平类	专业知识、学科前沿知识、通识知识、教育学知识、心理学知识
教学技能类	教学技术、学习指导能力、归纳分析能力、教学策略、教学艺术、学术热情、学术功底、学术影响力、教学科研互动能力、课程设计能力、信息搜集能力、资源协调能力、人际协调能力、组织协调能力、研究应用能力
个人特质类	政治素养、爱岗敬业、作风正派、宽严相济、奉献精神、职业认同

三、高校教师胜任力水平测量

模型的应用价值在于对教师的教学技能、科研能力以及较为深层次的个人特质等方面进行衡量，提高教师素质，促进教师发展。本文选取 Q 大学中从事教学科研第一线的老师作为施测对象进行水平测试，发现其在教学工作与科研等方面的优势及需要提升改进的领域，这是实证研究的初衷。整体上 Q 大学教师的胜任力水平是比较高的，但也反映出了一些问题，如下所示。

1. 知识结构单一化趋势明显

在知识水平类要素中，专业知识的平均值最高，其次是学科前沿知识，通识知识、教育学知识与心理学知识得分较低(见表2)。

表2　　知识水平类胜任要素得分

要素名称	最小值	最大值	平均值	标准值
专业知识	3	5	3.73	0.607
学科前沿知识	3	5	3.69	0.545
通识知识	3	5	3.32	0.691
教育学知识	2	4	3.26	0.678
心理学知识	2	4	2.83	0.705

数据说明，高校教师的知识结构不够合理，偏向于宝塔形知识结构，即专业知识宽厚扎实，基础知识较精深，因此能够迅速接通学科前沿知识，同时也说明了高校教师在教学实践与科研工作中较好地积累和转化了这两种知识，具有这种知识结构的教师在高校中是普遍存在的。随着时代对高校教师素质的要求愈高，人们发现宝塔形知识结构与之契合度愈低。这种知识结构会使高校教师教学科研实践受到限制，无法扩展自己的知识面，职业生涯会受到影响，不利于自身职业化发展。所以一定要防止高校教师知识面过窄的单打一趋势，努力建立蜘蛛网型知识结构，以专业知识与学科前沿知识作为一个“中心点”，与作为网络组结的通识知识、教育学知识以及心理学知识相互联结，形成一个辐射范围较广的知识网。高校教师在教学科研实践中应达到知识广度与深度的统一，综合利用各种知识。因此，培训教师时要注重培养教师建立合理的知识结构，进行多元化培训。

2. 重专业技能轻管理技能

在教师技能要素中，教学策略的平均值最高，其次是学习指导能力，组织协调能力、资源协调能力得分较低(见表3)，基于当今社会发展与教师职业的具体要求，高校教师不但要专注于教学技能与科研项目，更应该追求自身综合素质的提升，尤其是在教学、科研与人际方面的组织协调能力。从高校教师自身发展来说，促进自身职业化发展及全面发展，是一个重要能力指标。

表3　　教师技能类胜任要素得分

要素名称	最小值	最大值	平均值	标准差
教学技术	3	5	4.15	0.682
学习指导能力	4	5	4.55	0.500
教学策略	4	5	4.56	0.639
研究应用能力	3	5	4.15	0.641
学术功底	3	5	4.24	0.727
学术影响力	3	5	4.16	0.653
教学科研互动能力	3	5	4.36	0.671
学术热情	3	5	4.13	0.682
信息搜集能力	3	5	4.25	0.616
教学艺术	3	5	4.24	0.727

续表

要素名称	最小值	最大值	平均值	标准差
归纳分析能力	3	5	4. 47	0. 573
资源协调能力	3	5	4. 00	0. 584
组织协调能力	3	5	3. 65	0. 609
人际协调能力	4	5	4. 41	0. 494

3. 情感类个人特质表现优于职业类个人特质

在个人特质类要素中，政治素养、爱岗敬业、职业认同等要素得分最高，而宽严相济等要素得分较低(见表4)。

从数据中可看出，高校教师在自身岗位上的工作态度积极，认真履行“传道授业解惑”的职责，耐心辅导学生，对学生高度负责。对于教师职业有着高度的优越感。但是教师对自身的职业发展前景持保守态度，究其原因，我们认为可能是教师对自己各方面能力不够自信，当然也与本轮测试对象较少有关，数据真实性有待验证。因此，在培训体系中要尤其重视教师的职业发展特质，运用综合方法重塑教师自我认知，提高其职业自信心。

表4　　个人特质类胜任要素得分

要素名称	最小值	最大值	平均值	标准差
政治素养	4	5	4. 67	0. 502
爱岗敬业	4	5	4. 42	0. 706
作风正派	4	5	4. 25	0. 674
宽严相济	3	5	4. 20	0. 631
奉献精神	4	5	4. 37	0. 485
职业认同	4	5	4. 50	0. 474

四、高校教师胜任力提升的对策建议

结合国内高校的实际情况，加之对国外高校教师发展中心项目的了解，本书对于提升胜任力水平的建议如下：

1. 把握教师胜任力状况，全面了解教师培训需求

(1)全校范围内的胜任力状况摸排。了解高校教师胜任力的现状以及教师各自的切身需求，这是后续工作的前提，对症下药才能最终达到事半功倍的效果。全校范围内的胜任力摸排工作重在测量工作的时效性，要追求高效率，规避形式化的“走过场”。要做到规划精细化，调查人员专业化，保障机制的有效性，可以从以下维度开展摸排工作：一是横向上看，学部协助实施摸底工作。在全校各个学部发展一位教师作为联络人，重点负责其所属学部教师的情况登记，及时与教师发展中心工作人员进行联系，充当

两者之间的桥梁；二是纵向上的摸排工作时间规划。各学部应该错时进行实测工作，以促进工作有序进行。最后，实测工作结束之后，运用相关的统计方法对其结果进行精确分析，以及时了解教师胜任力培训需求，为后续制定具体的培训内容与范围奠定基础。

(2)制定教师自测的胜任力水平诊断系统。如今，教师的发展更加倾向于综合化，其发展范畴包括教学技术、科研能力以及内隐化的个人特质类要素。教师发展中心在制订培训计划时除了涉及全校教师的一般性胜任力，更要结合教师的自身特色，了解其个性化要求，进行私人定制。这就需要教师发展中心为此制定教师自测的胜任力水平诊断系统，为其提供个性化服务。

2. 根据培训内容和教师特点，合理选择培训模式

根据经典的胜任力模型可知，胜任力要素主要分为外显和内隐性特征，性质上的差异导致其提升方式的天壤之别。因此教师发展中心应针对要素的具体性能合理选择培训模式。首先应该对教师胜任力模型的各个要素按照培训和习得的难易程度进行分类，以此制订相应的培训方案(见图1)。

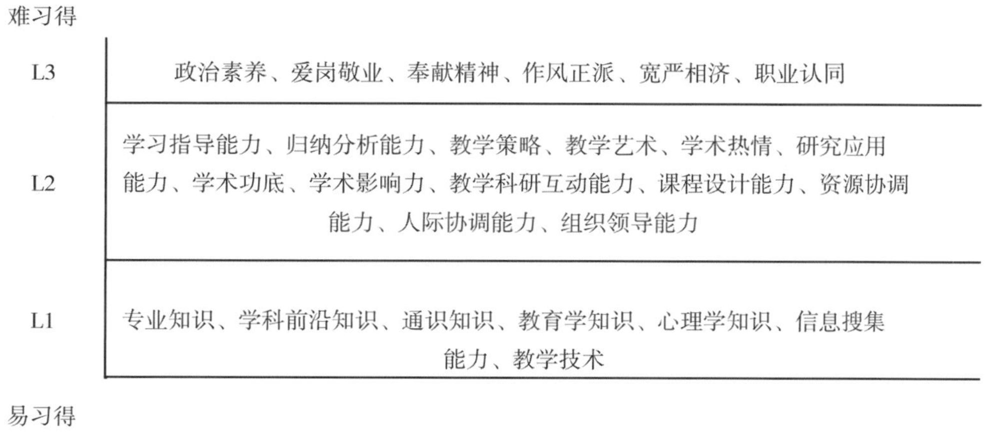

图1　胜任要素通过培训可习得的难易程度层次图

L1层次的胜任要素主要包括基本的理论知识和易操作的技能，这些知识和技能容易通过培训和学习获得，如线上线下专题课程、讲座与实践课等。

L2层次的胜任要素的特点是不易通过简单培训而习得的教学技术类以及容易塑造的个人特质类。这些特征对教师的个人转化能力要求较高，需要较高的领悟能力，通过教师自身深入了解与消化转化而成。所以简单的授课形式不足以促进这一层级的要素形成，它要求在实战中和专家意见的教导下，一对一地进行系统的培训，才能帮助教师接受、消化，最后转化为个人习惯。

L3层次所包含的是难以识别与发展的内隐性的特征，如思维、个人态度等，不容易通过培训和学习获得，重在教师个人的领悟与转化能力。所以，这一层次的要素所对应的培训模式切勿抽象化与形式化。

3. 有序组织，保障培训的高效实施

(1)培训制度保障。教师发展中心为保障高校教师胜任力培训高效实施，需要制定相应的配套实施并与有关部门高度配合。一是发挥多部门联动机制，服务教师发展。高校教师发展中心要经常与其他部门进行沟通、合作，把教学发展过程中教师的“被动性培训”、学校的“偏软化管理”、教师发展中心的“悬求服务式的培训”转变为教师的“主动性培训”。二是全方位的配套制度设计。要制定相关的人事制度。针对培训的工作人员、培训教师等，要明确各自的工作职责，进行合理的人员定岗，定期组织培训，提供合

作交流的工作环境等。要制定严格的监控制度，及时发现问题，把握整个培训进度，在动态中不断进行完善。要制定财务管理制度，设立教学奖助项目，为培训提供财务上的支持，以解决整个培训过程的后顾之忧。

(2)培训导师的选择与确定。培训导师的选择与确定是整个培训效果的关键所在。导师直接面对受训教师，为其进行培训内容的传授，明确受训教师的培训方向，形成和谐的合作机制。培训导师的选择要注意导师与受训教师两者的契合度。在确定导师的时候要考虑导师个人优势所在，并要与受训教师的需求、特点相匹配，以期产生有效的“化学反应”。当然教师发展中心也要为其提供支持，给予两者双向选择的机会，培训导师与受训教师个人信息应公开化，以促进两者齐头并进。

(3)培训时间与场地的确定。培训时间的确定要在综合考量的基础上进行，比如受训教师的教学工作安排以及培训课程的特点等。场地的选择同样很重要，其具体环境也要根据培训内容进行及时的改变，为培训提供良好的后勤保障。要突破时空限制，比如线上慕课的培训形式，可以扩大培训辐射范围，对于专家研讨会则需要一个相对比较封闭独立的空间。此外也可以走出校内，开展校际合作、社会合作等。

(4)培训监测与指导。保障培训流程按照既定轨迹进行正常运作是教师发展中心的重要工作之一，因此对培训过程的监督控制与及时观测是必要的。对受训教师的培训过程进行监控可以对比在培训过程中教师水平的变化，及时发现并分析问题所在，以促使教师教学技能以及科研能力的不断提高。为了加强培训活动的检测力度，教师发展中心可以配置培训助理，协助进行相关资料的收集与整理。同时教师发展中心也可设置咨询部门，服务受训教师，为培训过程有序进行提供强大的后勤保障。

4. 做好培训效果的评价与反馈

(1)评价的多元参与机制。评价培训效果是一个非常重要的程序环节，评价方法、评价主体的筛选都对其最终的培训成果有很大的影响。因此教师发展中心应该采用专家监督、学生补充、教师自测的多主体评价机制，全方位地看待受训教师在培训前后的变化。受训教师长期给学生授课解惑，与学生近距离地接触，教师的教学技能与科研能力在学生面前是最透彻的，因此要注重对其学生的评价意见收集工作。此外，专家因为自身的实践阅历以及专业性，其评价意见也是必须采纳的。具体来说，可以定时举行专家研讨会，使其与受训教师面对面交流，第一时间听取专家的评价意见。最后，作为主体的教师在培训过程中的真切感受是评价意见的一个补充，与学生、专家的评价意见及时对照，可以使其正视自己在培训过程中的变化。

(2)创新反馈渠道与方式。由专家、学生、教师意见构成的一个比较完整的培训效果评价体系要发挥最大作用的唯一途径就是将其反馈给受训教师，使其对自己在培训过程中的表现以及各项能力的提升效果有更为深入的了解。所以评价的及时反馈也是非常重要的，否则就失去了其本身存在的意义。反馈流程的繁简程度一定程度上也会影响其最终结果。反馈中间环节应尽量减少，以避免不必要的流程，防止过多信息的干扰，降低反馈内容的真实性。直接反馈最佳，它由评价主体直接对受训教师进行反馈。另外，反馈方式也要一切从简，面对面地与受训教师进行信息交流，及时为教师解惑，听取教师的想法，近距离地倾听教师的真实感受。

(3)反思培训过程。培训结果的评价固然重要，但培训流程是整个培训过程的灵魂所在，培训过程的流畅程度会直接影响到最终结果，因此教师发展中心理应注重对过程的反思。对于导师来说，在每次培训结束之后都要及时进行总结，查漏补缺，也可以组织分享会，导师彼此之间进行心得的分享，他山之石可以攻玉；同时做好培训活动的建档工作，按各个学部分类明确，将培训活动的视频音频、文字等各种资料归档，以备及时查阅。

◎ 参考文献

[1] 国务院关于印发统筹推进世界一流大学和一流学科建设总体方案的通知[EB/OL]. http://www.gov.cn/zhengce/content/2015-11/05/content_10269.htm, 2015-10-24/2017-11-16.

[2] 麦克利兰. 21 项胜任力素质模型[EB/OL]. http://wenku.baidu.com.

[3] Dineke, E. H., Diana H. J. M., Ineke H. A. P., etc. The development and validation of a framework for teaching competencies in higher education[J]. Higher Education, 2004, 48(2): 253-268.

[4] Dineke, E. H., Tigelaar, et al.. The development and validation of a framework for teaching competencies in higher education. Higher Education, 2004, 48(5): 253-268.

[5] Donald, M. M. An empirical note on the interaction personality and aptitude in personnel selection [J]. Journal of Management, 1988, 14: 441-451.

[6] Carl, O. O., Jerry, L. W. Teachers need affective competencies[J]. Education, 2000, 120(4): 741-743.

[7] 刘叶云, 李雪. 我国高校教师胜任力评价指标体系的构建[J]. 湖南师范大学教育科学学报, 2010(2): 89-94.

[8] 何齐宗, 熊思鹏. 高校教师教学胜任力模型构建研究[J]. 高等教育研究, 2015, 36(7): 66.

[9] 陆慧. 高等学校教师岗位胜任力评价指标体系及胜任力行为特征研究[J]. 现代教育管理, 2013(7): 75-79.

[10] 何齐宗. 我国高校教师胜任力研究: 进展与思考[J]. 高等教育研究, 2014, 35(10): 40.

[11] 刘治宏. 教学型高校教师胜任特征模型研究[J]. 黑龙江高教研究, 2011(8): 103-106.

[12] 郝永林. 研究型大学教师教学胜任力建模——基于 41 份文本分析的理论构建[J]. 高教探索, 2015(8): 80.

[13] 吴树雄. 高校教师胜任力: 评价模型与指标体系[J]. 中国成人教育, 2009(13): 33-34.

·教育政策与管理·

基于柯布-道格拉斯函数的人口受教育程度与经济发展的关系研究

王碧云　陈晓会

(武汉大学 教育科学研究院，湖北 武汉 430072)

摘　要：以拓展的柯布-道格拉斯函数(CD函数)作为研究的框架模型，采用2001年至2014年的统计数据作为研究的基础数据，对我国经济发展与受教育程度人口的关系进行研究。通过进行数据拟合分析，得出了符合我国近14年经济运行状况、人力资源开发情况的模型，找出了我国经济发展中存在的问题和亟待改进的地方，从而为我国深化改革、提升人口受教育质量找到了实现路径。

关键词：柯布-道格拉斯；受教育程度；经济

Research on the Relationship between Population Education Level and Economic Development Based on Cobb-Douglas Function

Wang Biyun, Chen Xiaohui

(Research Institute of Education Science, Wuhan University, Wuhan, Hubei, 430072)

Abstract: The paper uses the extended Cobb-Douglas function (CD function) as the framework model of the study, and uses the statistical data from 2001 to 2014 as the basic data of the study to study the relationship between China's economic development and population education level. Through the analysis of data fitting, we get the model that meets the situation of China's economic operation and human resources development in the past 14 years, and find out the problems and the areas that need to be improved in our country's economic development, so as to find out the realization path to deepen the reform and enhance the quality of population education.

Key words: Cobb-Douglas; Education level; Economy

1　理论基础

为了进行经济发展与受教育程度人口之间的关系研究，选取柯布-道格拉斯函数以及拓展的柯布-道格拉斯函数进行模型构建。

收稿日期：2018-06-20

作者简介：王碧云(1967—　)，男，湖北汉川人，武汉大学教育科学研究院副教授、博士，主要研究方向：高等教育学。陈晓会(1991—　)，女，湖北阳新人，武汉市蔡甸区莲花湖中学教师，主要研究方向：中学英语教学。

1.1 柯布-道格拉斯函数

柯布—道格拉斯函数最初是由美国的两位学者柯布(C. W. Cobb) 和保罗·道格拉斯(Paul H. Douglas)于20世纪30年代提出的以研究投入和产出两者关系的生产函数，该函数以两位学者的名字命名，又称CD函数。其公式如下：

$$Y(t)=K^{\alpha}(t)\ (A(t)\ L(t))^{\beta} \quad (1)$$

其中，$Y(t)$ 表示第 t 年的总产出，$K(t)$ 表示第 t 年的固定资产投入，$A(t)$ 表示第 t 年的技术投入，$L(t)$ 表示第 t 年的人力资本投入，α 表示资本投入在总产出中的贡献率，β 表示技术投入和人力资本投入在总产出中的贡献率。

由此可见，一国或地区的产出发展水平取决于投入的人力资本数、固定资产以及综合技术水平。根据 α 和 β 取值不同，产出发展水平呈现出以下三种情形：

(1) 若 $\alpha+\beta>1$，技术能扩大生产规模、能增加产出，是为递增报酬型。

(2) 若 $\alpha+\beta<1$，则技术不能扩大生产规模、不能增加产出，表现为递减报酬型。

(3) 若 $\alpha+\beta=1$，生产效率并不会因为生产规模的扩大而有所提高，则为不变报酬型。唯有提高技术水平，才能提高经济效益。

为深入研究不同受教育程度人群在经济发展中的作用，可对柯布-道格拉斯函数进行拓展。

1.2 拓展的柯布-道格拉斯函数

拓展后的柯布-道格拉斯函数表达式如下：

$$Y(t)=K^{\alpha}(t)\ L_1^{\beta_1}(t)\ L_2^{\beta_2}(t)\ L_3^{\beta_3}(t)\ L_4^{\beta_4}(t) \quad (2)$$

其中 $Y(t)$ 表示第 t 年的总产出，$K(t)$ 表示第 t 年的固定资产投入，$L_1(t)\sim L_4(t)$ 分别表示第 t 年的小学及以下文化人群、初中文化人群、高中文化人群、大专及以上文化人群的人力资本投入量，α 表示资本投入在总产出中的贡献率，$\beta_1\sim\beta_4$ 分别表示相应受教育程度人群人力资本投入在总产出中的贡献率。其中并没有严格限定贡献率 β_1、β_2、β_3、β_4 都大于零。

2 我国人口受教育程度及经济发展概况

自1978年实行改革开放以来，我国经济发展取得了举世瞩目的成就。《中国统计年鉴2016》显示，国内生产总值(GDP)从1978年的3678.7亿元人民币增长到2015年的682635.1亿元人民币，38年里增长了184倍多。

与此同时，国家十分重视教育在经济发展中的重要作用，不断增加教育投入，进行了一系列教育改革，人口素质有了显著提高。《中国统计年鉴2016》显示，我国6岁以上人口人均受教育程度稳步增长，从1989年的人均6.261年增长到2015年的9.127年，从业人员人均受教育程度则从2001年的8.177年增长到2014年的9.927年。国内生产总值与从业人员人均受教育程度呈正向变化关系，相关度达0.909。

2.1 我国受教育从业人口层次情况

自1991年始，国家统计局会同原劳动部(人力资源和社会保障部)每年都编辑出版《中国劳动统计年鉴》，正式提供人力资源开发数据。本文为研究2001年至2014年从业人员受教育程度与经济发展关系，搜集到其间从业人员受教育程度数据(见图1)。

从图1可以看出，从业人员中具有小学文化程度的人群所占比例呈逐年下降的趋势，占比从2001年

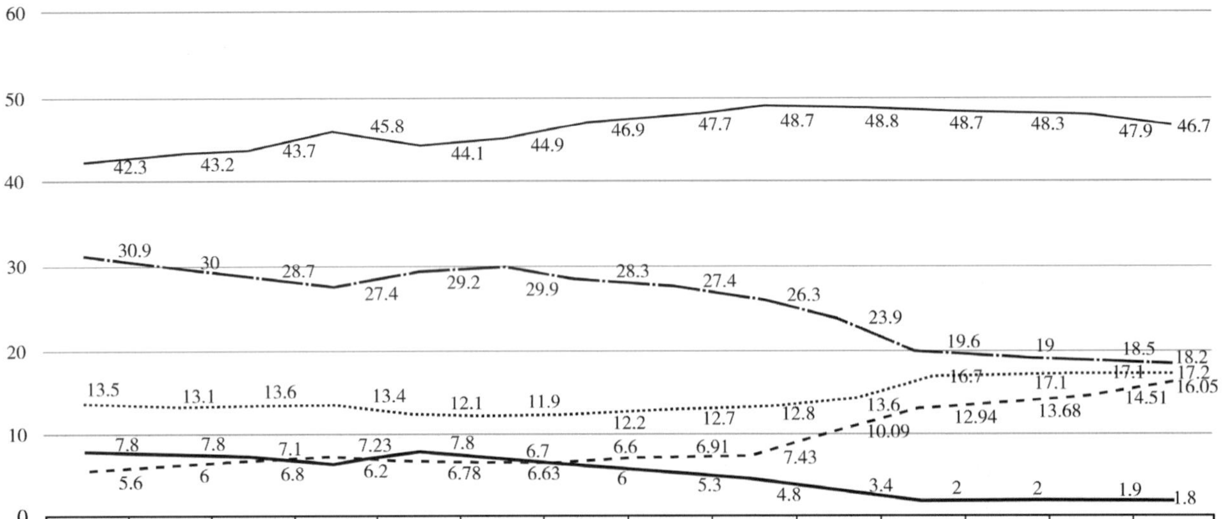

	2001	2002	2003	2004	2005	2006	2007	2008	2009	2010	2011	2012	2013	2014
不识字	7.8	7.8	7.1	6.2	7.8	6.7	6	5.3	4.8	3.4	2	2	1.9	1.8
小学	30.9	30	28.7	27.4	29.2	29.9	28.3	27.4	26.3	23.9	19.6	19	18.5	18.2
初中	42.3	43.2	43.7	45.8	44.1	44.9	46.9	47.7	48.7	48.8	48.7	48.3	47.9	46.7
高中	13.5	13.1	13.6	13.4	12.1	11.9	12.2	12.7	12.8	13.6	16.7	17.1	17.1	17.2
大专及以上	5.6	6	6.8	7.23	6.78	6.63	6.6	6.91	7.43	10.09	12.94	13.68	14.51	16.05

——不识字 —·— 小学 ——初中 ······· 高中 - - - - 大专及以上

图 1　不同受教育程度从业人员占比变化趋势

的 30.9%下降到 2014 年的 18.2%。具有初中文化程度的人群所占比例逐年上升到 2010 年的 48.8%后缓慢下降。具有高中文化程度的人群占比在 2001 年至 2010 年间在 12.1%~13.6%波动，2011 年开始逐年上升，2014 年达到 17.2%。具有大专及以上文化程度的人群所占比例则呈逐年上升的趋势，从 2001 年的 5.6% 快速攀升到 2014 年的 16.05%。

2.2 中国经济发展态势分析

按照柯布-道格拉斯函数要求，根据《中国统计年鉴》，整理出我国 2001 年至 2014 年主要经济发展指标如国内生产总值、固定资产投资总额、居民消费价格指数等数据。

数据表明，我国国内生产总值逐年上升，从 2001 年的 110863.1 亿元上升到 2014 年的 643974 亿元。固定资产投资总额在此期间也逐年上升，从 2001 年的 37213.49 亿元上升到 2014 年的 512020.7 亿元。国内生产总值与固定资产投资总额逐年同步稳定增长，相关系数达到 0.998，接近于 1。

3 中国经济增长与从业人员受教育程度、固定资产投资关系研究

使用柯布-道格拉斯函数进行建模，需将基础数据进行对数化（以 10 为底）处理，得到表 1 所示的结果。

表 1 中，log_gdp、log_k、log_jy 分别代表进行对数化处理后的 GDP、固定资产投资总额、从业人员人均受教育年限。

表 1 **基础数据对数化处理结果**

年份	log_gdp	log_k	log_jy
2001	5.04	4.57	0.91
2002	5.09	4.64	0.91
2003	5.14	4.74	0.92
2004	5.21	4.85	0.93
2005	5.27	4.95	0.92
2006	5.34	5.04	0.92
2007	5.43	5.14	0.93
2008	5.50	5.24	0.93
2009	5.54	5.35	0.94
2010	5.62	5.44	0.96
2011	5.69	5.49	0.98
2012	5.73	5.57	0.99
2013	5.77	5.65	0.99
2014	5.81	5.71	1.00

进行上述处理后，利用计量分析学软件 Eview8.0 进行建模，首先分析固定资产投资总额、从业人员人均受教育年限对 GDP 的贡献度，模型估计方程为：

$$log\_gdp = C(1)\times log\_k + C(2)\times log\_jy + C(3) \quad (3)$$

得到建模结果和相关参数估计，见表 2。

表 2 **建模结果和相关参数估计**

	Coefficient	Std. Error	t-Statistic	Prob.
C(1)	0.660782	0.028788	22.95361	0.0000
C(2)	0.382220	0.340347	1.123029	0.2853
C(3)	1.664445	0.194003	8.579486	0.0000
R-squared	0.997033	Mean dependent var	5.442296	
Adjusted R-squared	0.996494	S. D. dependent var	0.263991	
S. E. of regression	0.015631	Akaike information criterion	-5.291698	
Sum squared resid	0.002688	Schwarz criterion	-5.154757	
Log likelihood	40.04189	Hannan-Quinn criterion	-5.304374	
F-statistic	1848.506	Durbin-Watson statistic	1.569984	
Prob(F-statistic)	0.000000			

表 2 中的统计变量和可决系数(0.997033）表明上面的估计模型是符合统计学理论相关要求的。估计方程为：

$$Log\_gdp = 0.660782\times log\_k + 0.382220\times log\_jy + 1.664445 \quad (4)$$

4 讨论

公式(4)表明，中国经济发展中，固定资产投资所起的贡献作用为0.660782，从业人员受教育程度所起的贡献作用为0.382220，固定资产投资所起的贡献作用为从业人员受教育程度贡献作用的1.73倍，说明我国近年来的经济增长方式表现出鲜明的投资拉动型特征。

又由 $\alpha+\beta=1.04>1$ 表明，我国经济增长属于递增报酬型，通过提升人口素质，增加人力资本投入能增加产出，进一步推动国民经济增长。

因此，中国经济要保持又好又快发展，需要加大产业转型优化升级，充分发挥人才在其中的重要作用，继续深化教育改革。

一是增加教育投入，尤其是基础教育投入，促进教育投资经费来源多元化；加速各层次、各类型教育的发展；健全和完善教育体系，推动人才合理配置。这既是民生福祉问题，也是人口红利在经济增长过程中持续释放的关键。

二是进一步加大高层次人才培养改革力度，加强他们在经济增长中的骨干作用。还要注重职前和职后教育的结合，个人、企业和政府共同加大专业技术培训投资力度；通过政策、制度的导向作用，促进农村剩余劳动力素质的提高，使之尽快转化为经济增长的动力。

◎ 参考文献

[1] 李杰，费时龙，苏婷．人口受教育程度与经济发展的统计分析[J]．吉林化工学院学报，2016(7)：95-98.

[2] 陈霞．湖北受教育程度人群与经济发展的关联性分析——基于拓展的柯布-道格拉斯函数[J]．湖北民族学院学报(哲学社会科学版)，2016(4)：37-40，132.

[3] 中华人民共和国国家统计局．中国统计年鉴2016[M]．北京：中国统计出版社，2016.

[4] 国家统计局人口和就业统计司，人力资源和社会保障部规划财务司．中国劳动统计年鉴2014[M]．北京：中国统计出版社，2015.

·教育政策与管理·

硕士研究生招生选拔研究的阶段性特征、焦点与前瞻

郝香贺

(大连理工大学　高等教育研究院，辽宁　大连　116024)

摘　要：研究生招生选拔是研究生教育的“入关口”。如何选拔优质生源，关系到研究生教育强国的建设，目前已成为研究生教育领域内研究的焦点问题。本文以中国知网(CNKI)为资料来源，用分类分层的方法梳理了近60年研究生招生选拔的研究成果，以归纳出研究生招生选拔研究的阶段性特征。研究发现招生考试制度、招生管理体制、招生权力博弈、招生选拔国际化借鉴成为人们关注的兴奋点。但有关研究生招生机制研究、招生制度创新研究以及招生主体的研究成果欠缺。因而未来研究生招生选拔研究应强化招生主体的研究、创新招生制度，形成公正、科学的招生机制。

关键词：招生选拔 考试制度 质量保证

The Periodical Characteristic, Focus and Prospective of Graduate Student Recruitment and Selection

Hao Xianghe

(Graduate School of Education, Dalian University of Technology, Dalian, Liaoning, 116024)

Abstract: The selection of postgraduate enrollment is the "entry portal" for graduate education. How to select high-quality students, related to the construction of a powerful country for postgraduate education, has become the focus of research in the field of postgraduate education. This paper uses CNKI as the data source, and sorts out the research results of the graduate student enrollment selection in the past 60 years by using the method of hierarchical stratification, in order to summarize the stage characteristics of graduate student enrollment selection research. The study found that enrollment examination system, enrollment management system, enrollment power game, and internationalized recruitment and selection for reference became the focus of attention. However, there is a lack of research on graduate enrollment mechanism, enrollment system innovation and enrollment. Therefore, we should strengthen the research and innovation of enrollment system, and form a fair and scientific enrollment mechanism in the future postgraduate recruitment and selection research.

Key words: Enrollment selection; Examination system; Quality assurance

---

收稿日期：2018-06-11

基金项目：2016年大连理工大学研究生教改基金专项课题“研究生招生遴选机制的探索研究”。

作者简介：郝香贺(1991—　)，女，汉族，河南周口人，大连理工大学高等教育研究院，在读研究生。研究方向：高等教育理论与实践。

研究生招生选拔是研究生教育的“入关口”，是选拔优质生源、保证研究生教育质量的第一步。更好地优化人才选拔结构，完善招生选拔办法并逐步建立健全科学公正的招生选拔机制是保证研究生招生质量的重要途径。随着研究生招生数量的增加，研究生招生质量问题逐渐暴露，生源质量的危机引发人们对招生选拔方式的思考，因此越来越多的学者开始关注研究生招生选拔科学性与否的问题。开展研究生招生选拔研究，对优化选拔方案、提高生源质量、促进招生选拔改革具有重要意义。当前，有关研究生招生方面的相关性研究已取得丰硕的研究成果，本文基于1960—2018年CNKI的文献，从研究的阶段性特征、研究焦点、研究展望三个方面综述中国硕士研究生招生选拔研究进展，以期从中得到启发，拓展研究生招生选拔的研究空间。

一、研究生招生选拔的阶段性特征

研究生招生选拔与高层次人才培养密切相关。我国学者对研究生招生选拔的相关研究可以大致分为三个阶段：首先是研究生招生选拔研究的起点阶段，该阶段研究成果数量较少，研究内容浮于招生工作的表面，但昭示着我国研究生招生工作已引起部分学者的关注，是该研究的起步探索阶段。其次是研究生招生选拔研究的生长型阶段。该时期一个显著的特征表现在研究成果方面，该时期的研究成果颇为丰富，数量在增加的同时，质量也有所提高，研究生招生研究进入一个快速发展的阶段。最后，是研究生招生研究的巩固、深化阶段。该时期研究生招生数量与质量的矛盾愈演愈烈，如何在保持底盘稳定的情况下提高研究生招生的质量成为当下的两难问题，也引起广大学者的关注。

(一)1978—1981年：研究生招生选拔研究的起点阶段

自1978年研究生招生恢复以来，研究生招生选拔问题逐渐进入一些学者的研究视野。最早有关研究生招生的研究是1978年发表在《有机化学》期刊上的一篇有关中国科学院研究生招生的复试试题以及参考答案的文章，这虽不是严格意义上的有关研究生招生的研究，但是从某个侧面反映出研究生招生工作进入新时期。1978—1981年作为改革开放后研究生招生研究的起始阶段，该时期的研究成果主要聚焦在具体学院的研究生招生工作、招生简介、入学考试、复试经验、参考答案等等，有关研究生招生质量的问题已被涉及，但只是粗浅的认识，谈不上深入的分析，研究方法方面只是一些招生工作方面的认识和经验的介绍，缺少深入系统的理论分析。

(二)1982—1998年：研究生招生选拔研究的生长型阶段

学位制度的实施，在制度层面保证了研究生招生工作的顺利开展，研究生招生工作迈向新的征程。该时期有关研究生招生选拔研究的成果逐步增多，研究的内容以招生专业的试题以及工作经验总结为主。主要的原因归结于该时期是经济建设的恢复时期，加上研究生招生工作处于恢复阶段，招生过程中存在的问题还没完全暴露出来，所以该时期有关研究生招生选拔的方式、标准等并没有引起人们的注意。

伴随着研究生教育的发展，研究生招生存在的问题受到学者们的关注，比如说近亲繁殖的问题、推荐免试的公平性问题、复试的效度问题、招生宣传策略问题、招生信息化管理、研究生招生调剂问题、研究生招生的国际借鉴问题等等，如何开拓生源、加强研究生招生管理、深化研究生教育改革成为学者们关注的焦点。该时期研究方法多样、研究手段灵活、研究主题多元、研究内容丰富，相比前一阶段有很大的进步，但尚未形成成熟、系统的研究体系，有关研究生招生选拔深度研究不够。

(三)1999 年至今：研究生招生选拔研究的巩固、深化阶段

1999 年高等教育实行扩招政策以后，研究生教育招生也进入快速发展的轨道，研究生招生数量迅猛增长，“一旦出现数量与质量之间的矛盾，就简单地归为发展规模的控制问题，而失去了对质量问题的真正关注，改革与发展的重点也就从质量问题上滑离了出去”[1]，在此背景下，研究生招考制度[2]、招生管理系统的开发、招生国际化研究、招生宣传与策略等进入人们的视野。针对我国的招考制度，有学者认为现行的研究生招生考试制度存在着“统一规划”、“层层约束”、“形式主义”等问题，研究生的招生选拔应该以“专业性”选拔为主，侧重于以能力性考察为中心的综合素质考察。有学者把研究生招生信息管理系统分为信息公布平台、报名系统平台、学院工作平台和招办专用管理平台。有学者从新形势下招生情况出发认为现行的招生模式存在的问题主要表现在招生质量缺乏保障，与实施研究生招生选拔和培养所期待的生源质量存在较大的差距，表现在考生机会不均等、现行的招考方式难以反映考生的真实水平等方面。有学者在借鉴美国研究生招生模式的基础上认为应从“改革试题的命题方式、适当调整考试科目并逐步扩大招生单位的自主权”等方面对我国现行的研究生招生进行改革与创新，以推动研究生招生模式的创新发展[3]。

该时期，研究内容方面，主要从研究生招生存在的问题、复试改革、招考方式、管理体制、国外借鉴等几个方面入手，如何提高生源质量的问题是该时期研究的焦点问题。研究方法方面，该时期研究方法多样，实证研究的分析方法被应用到研究生招生工作中[4]。不同的学者尝试从经济学、心理学、系统科学、政治学、社会学等方面看待研究生招生问题，从不同的侧面剖析“庐山”真面目，扩展了研究视野，丰富了研究方法。研究主体方面，除了一些具有丰富实践经验的管理者，一些硕士生、博士生也加入研究的队伍，研究主体范围扩大。

二、硕士研究生招生选拔研究的焦点问题

我国研究生教育可以追溯至清末民初，至今已有 100 年的历史。中华人民共和国成立以前研究生招生规模较小，主要针对少数知识精英，研究生招生选拔的方式是学生自荐经由大学审核批准，招生人数由高校自主确定。后期，一些自身条件较好的学校开始在研究生招生理念以及入学考试方面进行尝试。中华人民共和国成立初期，我国的研究生教育招生模式“以苏为师”，招生计划由国家统一制定，硕士研究生的选拔逐步实行全国统一入学考试。“文化大革命”期间，我国研究生教育受政治局势的影响停止了招生。改革开放为我国的研究生教育带来了新鲜的活力，研究生招生选拔以国家统一考试与招生单位自主招生相结合的方式进行，多种选拔渠道并存。1999 年研究生招生深受高等教育大众化的影响，招生数量增加，加之市场经济的多样化需求以及国际化的影响，研究生学位类型产生分化，研究生招生选拔渠道形成以全国统一考试为主，推荐免试为辅的复合型人才选拔方式，与此同时，研究生招生数量迅猛增长，研究生数量与质量的矛盾越来越突出，在此背景下，研究生招生选拔受到学者们的关注，研究的内容主要聚焦以下几个方面：

(一)关于研究生招生选拔制度研究

(1)关于研究生招生选拔方式的研究。我国的研究生招生选拔方式在不同的时期表现出不同的特征。1959 年以前，研究生招生以模仿为主，研究生招生方式以学生自荐经由大学审核批准为主，后期，为迅速培养中华人民共和国建设所需的各种高层次人才，我国模仿苏联招生模式，采取高度统一的招生选拔方式。1959 年以后，中国研究生招生走向逐步探索发展的道路。1959—1965 年，招生采用以选拔、推送、

审查、入学考试相结合的方式筛选人才。1966—1976 年，深受中国政治影响，研究生招生被迫中断。1978 年，我国实行改革开放的政策，为适应社会对多样化人才的需求，我国研究生类型出现分化，招生选拔形成以考试选拔为主[5]、推荐免试入学为辅的复合型选拔人才制度[6]。目前我国硕士研究生选拔方式已经基本定型，主要分初试、复试两个阶段进行，初试的类型多样，主要有四种类型，分别为全国统考、推荐免试、单独考试、联合考试。

(2)关于复试效度的研究。随着研究生教育的发展，复试在招生选拔过程中的地位日益重要。它更加强调对考生非认知能力的考察，比如考生的学术潜质、创新能力、反应能力、研究能力、表达能力以及综合素质等，弥补了初试的不足。近年来，加强对考生非认知因素的考察、提高复试的结构化程度和效度成为招生选拔改革的重要方向，有关这方面的研究视角多样。有学者从程序公正的视角并结合我国研究生招生复试工作的现状问题，提出了复试程序公正的一些基本设想[7]；有学者从价值中立和组织公正的角度出发，以问题为导向，认为要实现复试工作的科学性与公平性，必须从复试考核的内容、建立科学的复试评价标准、建立更加有效的评价方法、回归导师的学术权力[8]等方面入手。有学者从知识管理的视角出发，认为我国的研究生选拔模式为我国选拔出了一大批人才，但仍存在着偏重考试成绩轻视实际能力、偏重显性知识轻视隐形知识、偏重知识继承忽视知识创新[9]等方面的问题，为提高复试的效度，提出了整体知识观的选拔模式；有学者从利益关系人理论的视角出发，通过分析研究生招生类别，总结出研究生招生涉及的利益主体，指出不同利益群体的不同诉求，以构建考试选拔权力的动态平衡机制。

(3)关于研究生招生考试制度的问题研究。在高等教育大众化的过程中，我国现行的考试制度在选拔优秀生源、促进学习与科研等方面取得了重大成就，增强了我国高科技人才的竞争力，使许多有发展潜能的学生脱颖而出，但是仍有一些缺陷需要改进。比如政府、学校、导师群体的招生权力对比悬殊，容易导致招生权力的异化问题；现行的招生制度对考生的专业素质与综合素质考察过于欠缺[10]，专业素养的淡化、考试成绩的强化等不利于“殊才”、“怪才”的选拔，人才选拔的效度受到质疑；选拔公平与效率的两难问题需要兼顾，并保持动态的平衡，舍弃两者中的任何一个方面都是不明智的；除此之外，招生数量与质量的矛盾[11]问题、考试科目设置不合理问题[12]、考试公平环境受到威胁问题、人才选拔低淘汰率问题[13]、考试录取低效率问题等也受到学者们的关注。

(4)关于研究生招生考试制度的对策研究。针对研究生招生考试制度存在的问题，有学者尝试从以下视角为研究生招生考试深化改革提出建议。比如建立分类考试、综合评价、多元录取的考试招生模式；提高复试的效度，加强考生非认知能力的评估[14]；着重考查考生综合素质和能力，意识形态和文化上提倡培养创新型人才，重视在招生考试中对创造性思维能力的考查[15]。“招考分离”，以测试出报名者掌握科学文化知识的程度，并使这种测试与研究生选拔相对分离[16]。扩大招生自主权，简化报名手续等，选拔创新人才。

(二)关于研究生招生选拔体制研究

(1)关于研究生招生管理体制的特点研究。譬如，招生管理过程中的二元制、“多途径”的选拔方式、校内和校外两种调剂以及招生管理的分层与自主权的尝试等特点。

(2)关于研究生招生管理体制的公平与效率问题研究。例如，国家核定的招生学科门类、专业种类繁多，按照大类统一由国家划录取线，受专业分类及专业课程以及各研究生招生单位自行命题方式的限制，招生并不能真正地体现公正、公平；招生管理中工作流程繁琐，人力、物力、财力资源浪费较大，招生单位的工作效率有待提高；统一的考试时间会造成考生对院校以及专业的可选择面较窄[17]。

(3)关于研究生招生管理体制存在问题的原因探析。有部分研究指出，我国计划色彩浓厚，很难适应社会经济形势的发展，同时招生单位的自主权很难有效地发挥[18]。这不仅导致研究生招生人员在考试工作中难以发挥创新思维，同时也使招生单位不能根据自身条件和市场需求对招生学科、专业人数进行自主调控[19]。

（4）关于研究生管理体制的对策研究。针对研究生招生管理体制存在的问题以及原因，有学者认为，招生管理体制应以人为中心，坚持人本思想，坚持权力下移的原则，将招生权力落实到招生单位；针对考试安全存在的风险，有学者认为应加大对考生徇私舞弊的处罚力度，加强考试安全管理，实施网态化监管。有学者为提高研究生招生工作的效率，建议实行两段制的考试方式，并指出这有利于化繁为简，节约人力、财力、物力，提高硕士研究生招生工作的效率；有学者认为应加强调剂、复试工作的宏观管理，建立行之有效的协调机制，以促进生源调剂的有序流动。

（三）选拔中学术权力与行政权力的关系研究

关于学术权力与行政权力的关系，有三种观点：首先，有学者认为招生选拔纯粹是高校的自主行为，政府不应该干预高校的招生行为，如何选拔、选拔什么样的人才由导师决定就可以了，这种观点强调导师在招生选拔过程中的权力[20]并认为导师是人才选拔、鉴别与培养研究生的主体，导师应具有决定是否招收某个考生的发言权。与此相反，有学者认为招生工作具有行政性，表现在招生工作实施的过程中，招生工作本身作为一项社会活动，活动的实施需要规则和程序，以保证考生的竞争权和知情权，行政性的监督管理和规范作用也是招生工作顺利开展的重要保障。此观点认为，招生选拔工作应该发挥行政权力的作用，以提高招生工作的效率，保障招生的公平。还有不少学者认为泛学术化和泛行政化都是片面的，招生工作的过程具有选拔高层次专业人才的学术性，表现在制定选拔的学术标准、考试大纲、命题、阅卷、复试面试活动等方面，同时招生工作本身又具有行政性，两者应该相互配合、相互促进。[21]

（四）关于研究生招生选拔的国际比较研究

美国设置研究生院，一个以无计划的方式促使其成为经久不衰的探究的场所，作为有竞争性的研究生院，它不仅接纳科学研究，而且使人非相信不可地寻找科研；它不仅提供硕士和博士最高学位，而且以一个复杂的招生、课程学习和评估系统支持这些学位。[21]一些学者通过研究美国研究生招生特点、录取标准以及个案，以期对我国的研究生教育提出可资参考的建议。

（1）有关研究生招生特点研究。在研究生招生选拔方面，大多数研究生院采取“美国教育测验中心”（ETS）的“研究生成绩考试”（GRE），专业考试机构负责组织标准化考试、寄送成绩单及其评价报告，考生向招生单位提出申请，招生单位根据招生流程、录取标准以及录取条件公告招生的信息、接受审核报名材料、确定录取名单并发放录取通知，其招生选拔机制具有“三位一体”、招考分离的特点。除此之外，其研究生招生选拔更加注重考生科研能力和综合素质。Trostle 认为“科研能力包括个人研究的能力、机构提供设备能力、研究国家具体政策能力、国际视野的能力，并强调科研能力是实现高水平科学研究的重要因素”。

（2）有关研究生招生录取标准研究。美国在招生选拔的过程中强调多元化的录取标准，不仅考察考生的认知性因素，还加强对考生非认知因素的考察。认知性因素的考察方面采取的方式主要有本科阶段的成绩（GPA）、标准化入学考试（GRE、GMAT、MCAT、LSAT、MAT）两个方面。非认知因素的考察主要通过面试、推荐信和个人陈述的方式进行。

（3）研究生招生选拔方式的个案研究。Walpole 等通过采访美国研究生招生机构，询问不同学科的老师后认为美国大多数研究生招生机构对考生的选拔方式主要包括本科成绩 GPA、GRE、面试、推荐信以及个人陈述。一些学者通过对美国医学院的调查，认为本科生成绩是研究生教育的重要选拔方式。还有一些学者认为作为一种常用的对非认知因素考察的方式录取面试的预测效度非常低。

三、研究述评与展望

（一）研究局限：研究生招生选拔的问题解构

通过以上梳理可以发现，我国学者关于研究生招生选拔的相关性研究具有集中性，主要聚焦在招生选拔制度与体制、招生选拔权力、招生选拔的国际比较等方面，并呈现出以下特征：研究内容方面，关注复试的有效性、考试选拔方式以及录取结果，研究内容具有趋同性。研究的主题方面，流于工作层面的经验总结、问题现象的描述，而对研究生招生选拔机制的机理、发展动态、背后推动力、运作方式缺乏研究。研究方法上，有关研究生招生单位的个案研究较多，整体性研究、复杂性研究、多学科研究缺乏。此外，更多的学者是站在教育管理者的立场上看待高等教育的招生问题，忽视了招生队伍、考生心理、导师权力等方面。

（二）研究生招生选拔研究的应然聚焦

鉴于研究生招生选拔相关性研究存在的问题，未来研究生招生选拔应加强以下几个方面的研究。

(1)研究生招生选拔机制的研究。研究生教育机制犹如一个复杂的大系统，涉及研究生招生机制、研究生培养机制、研究生竞争机制、研究生淘汰机制、研究生监督机制等等，深受我国政治、经济、文化、科技等的影响，同时又对我国政治、经济、文化、科技的发展起到一定的制约作用。研究生招生选拔机制作为研究生教育机制中的一个子系统，服务于研究生教育的目标，遵循研究生教育发展的规律，但同时研究生招生选拔机制本身又作为一个复杂的系统而存在，涉及招生的主体、对象以及招生的机构等等。现行的硕士研究生招生选拔的相关性研究只是隐含在招生考试制度、招生管理体制等方面，研究生选拔过程中各要素之间的相互关系、相互作用及其运作方式等方面的研究匮乏，有关招生选拔的规律、特点、流程、工作原理、内涵、特殊性缺乏概括和提炼。系统深入地探索有利于人才脱颖而出的选拔机制，是有效保证研究生招生选拔质量的重要途径，也成为今后研究生招生选拔研究的重点。

(2)研究生考试招生制度创新研究。随着人才培养目标和选拔标准的变化，我国的研究生招生方式也发生变化，从单一的学术学位研究生招生方式转变为分类招生考试制度，如何在选拔标准全面化的情况下更加准确地识别学术型、实践性的高层次人才，成为研究生招生选拔的重点。深入探索专业学位与学术学位研究生分类考试制度成为以后研究的方向。除此之外，复试作为一种考察考生非认知能力的方式，如何深化复试的效度，突出考生的创新能力、特殊潜质、综合素质成为今后需要研究的重点。

(3)研究生招生主体的研究。研究生的招生主体主要涉及两大类，一类是考生，另一类是招生队伍。如何加强考生报考行为、心理状态的调查分析成为考生研究的重点。招生队伍中，如何规范导师的招生行为，如何规范招生管理队伍的建设，如何调动招生队伍的积极性，提高其招生效率成为以后研究生招生选拔研究的前沿问题。

四、结语

研究生招生选拔研究的核心是人才选拔，学术界对研究生招生选拔的研究经历了起点、生长、深化巩固三个阶段，经历了从招生工作经验的介绍到招生规律总结的历程，研究深度逐步增加。现行的招生选拔研究为研究生招生选拔的改革提供了一定的借鉴意义与参考价值，在某些问题上已初步形成共识，但是由于局限的学科视角以及研究方法，研究生招生选拔的某些问题并没有得到解决，比如招生选拔标准问题、招生遴选机制问题、特殊人才选拔问题，如何兼顾招生公平与效率，如何提高招生效度与信度，如何管理招生队伍，如何创新招生选拔体制等仍是未来研究需要重新审视的问题。研究生招生选拔机制的研究、研究生考试招生制度创新研究、研究生招生主体的研究应成为今后研究生招生研究的重点方向。

◎ 参考文献

[1] 廖湘阳，王战军. 改革开放以来我国研究生教育政策的文本分析[J]. 高等教育研究，2004(11)：36-43.

[2][18] 彭宗德，雷玉双，钟伟东. 加大研究生招生制度改革的力度[J]. 中国高等教育，2001(21)：22-23.

[3] 郑浩，常思亮. 实施研究生创新教育需要什么样的招生模式[J]. 扬州大学学报(高教研究版)，2004(3)：67-70.

[4] 曾文艺，张颜，宋雯彦. 研究生招生中的模糊聚类分析方法[J]. 北京师范大学学报(自然科学版)，2001(4)：436-439.

[5] 巨玉霞. 我国学术型硕士研究生招生考试制度改革研究[D]. 厦门：厦门大学，2007.

[6] 研究生教育体制改革研究. 中国研究生教育体制改革研究[M]. 北京：高等教育出版社，2013：28.

[7] 施莉. 论研究生招生复试程序公正及其实现[J]. 学位与研究生教育，2008(3)：46-50.

[8] 肖文英，孙秋红，孙乐平，薛伟. 硕士研究生入学考试复试中科学性与公平性问题研究[J]. 学位与研究生教育，2015(2)：56-61.

[9] 王前，李作学，韩连玉. 基于整体知识观的研究生选拔考试模式改革研究[J]. 学位与研究生教育，2007(3)：48-52.

[10][15] 沈岩. 从科举制看当前研究生人才的选拔[J]. 清华大学教育研究，1999(4)：69-75.

[11] 刘惠琴，秦荣，张卫刚，张文修，雍翠菊. 研究生人才选拔方式亟待改革[J]. 中国高教研究，2003(9)：26-29.

[12] 于鹰宇，高伟涛. 我国硕士研究生招生考试制度改革研究[J]. 黑龙江高教研究，2010 (10)：102-103.

[13] 曹菱红，王晓陆. 与英、法、德、美研究生淘汰机制之比较[J]. 高等工程教育研究，2006(3)：75-77.

[14] 张秀三. 美国研究生招生选拔机制研究及启示[J]. 高教探索，2015(8)：99-105.

[16] 江莹. 我国研究生招生考试制度改革的回顾与设想[J]. 中国高教研究，2006(3)：29-32.

[17] 章小辉，李国红. 我国研究生招生体制改革初探[J]. 现代教育科学，2003(2)：6-9.

[19] 谭立章. 分段制+多渠道——改进现行硕士生招生体制的建议[J]. 高等工程教育研究，2001(4)：67-68.

[20] 潘发勤. 学术系统中的权力分析[J]. 山东理工大学学报(社会科学版)，2003(4)：77-80.

[21] 北京教育考试院研究生招生办公室. 北京市研究生招生工作论文集[M]. 北京：对外经济贸易大学出版社，2007：3.

[22] [美]克拉克. 探究的场所——现代大学的科研和研究生教育[M]. 王承绪，等，译. 杭州：浙江教育出版社，2001：135.

·教育政策与管理·

基于第四轮学科评估结果的学科分析报告

——以W大学电气工程一级学科为例

华小梅　查晓明

(武汉大学 电气工程学院，湖北　武汉　430072)

摘　要：本文介绍了第四轮学科评估基本情况，并以W大学电气工程一级学科为例，基于第四轮学科评估结果分析了该学科的发展态势、优势与不足，探讨了该学科今后的发展思路，为高校如何利用学科评估结果进行学科发展状态分析提供了有益的参考。

关键词：学科评估；学科建设；分析报告

An Analysis Discipline Report Based on the Fourth Round of Discipline Evaluation

—Taking Electrical Engineering Discipline of W University as an Example

Hua Xiaomei, Zha Xiaoming

(School of Electrical Engineering, Wuhan University, Wuhan, Hubei, 430072)

Abstract: This paper introduces the basic situation of the fourth round of discipline evaluation, takes electrical engineering discipline of W University as example. Based on the results of the fourth round of discipline evaluation, the paper analysis the development trend, the advantage and weakness of this discipline. This paper also explores the development idea of this discipline in the future, which will provide a useful reference to analyzing and serving the discipline development in colleges and universities by the discipline evaluation results.

Key words: Discipline evaluation; Discipline building; Analysis report

一、第四轮学科评估基本情况

(一)学科评估参与度

在我国教育“管办评分离”、强化高校内涵建设的大背景下，学科评估作为教育质量保障和学科水平

收稿日期：2018-09-09

作者简介：华小梅(1976—　)，女，武汉大学电气工程学院学科办公室主任，工学硕士，主要研究方向：高等教育教学管理与研究。查晓明(1968—　)，男，武汉大学电气工程学院副院长，教授、博导，工学博士，主要研究方向：高等教育教学、科研与管理。

提升的重要手段，以及调整优化高等教育资源配置和政策措施的重要参考，受到了高校前所未有的重视。第四轮学科评估参评单位和学科数量持续增加，共有513个单位的7449个学科参评，比第三轮增长76%；全国高校具有博士学位授予权的学科有94%申请参评。

（二）学科评估指标体系

第四轮学科评估深入贯彻研究生教育综合改革精神，按照“人才为先、质量为要、中国特色、国际影响”的价值导向，评估指标体系在继承前三轮评估指标体系基本框架的基础上，保持了“师资队伍与资源”、“人才培养质量”、“科学研究水平”、“社会服务与学科声誉”4项一级指标框架基本不变，权重比例大约为20%，30%，30%和20%。一级指标下包含11项二级指标、18项三级指标。工学类评估体系框架见表1。

第四轮学科评估指标体系和评估方法较前几轮有了较大创新：

第一，强化“五个引导”。一是坚持把人才培养放在首位，引导高校将提高人才培养质量作为学科建设核心任务；二是改革师资队伍评价方法，引导高校关注队伍结构质量和青年教师发展，抑制人才无序流动；三是改革学术论文评价方法，引导高校提升论文质量；四是强化社会服务贡献评价，引导学科建设服务国家重大需求和地区经济社会发展；五是强化分类评估，引导高校关注学科特色和内涵建设。

第二，突出“五大创新”。一是采用主客观评价相结合的方法，全面观测学科建设成果，克服单纯依据公共数据评价大学的片面性；二是提出跨学科成果按实际内涵，拆分归属到相应学科的“归属度”成果认定方法，解决跨学科成果评价难题；三是实行“绑定参评”方法，规定同一门类学科必须同时申请参评，有效避免材料拼凑，引导优化学科布局；四是采用数据查重、公共数据比对、证明材料核查等6大措施全面审核材料；五是探索国际同行评价，邀请国际同行专家参与声誉调查。

表1　**第四轮学科评估体系框架（工学类）**

一级指标	二级指标	三级指标	三级指标说明
A. 师资队伍与资源	A1. 师资队伍	S1. 高端人才	①院士、长江学者、国家杰青基金获得者、千人计划入选者、万人计划领军人才（含：科技创新领军人才、科技创业领军人才、国家教学名师、百千万工程领军人才）、百千万工程国家级人选、IEEE Fellow、现代农业产业技术体系首席科学家和岗位科学家、创新群体带头人、创新团队带头人、国家级教学团队负责人（多种头衔统计一次） ②万人计划青年拔尖人才、青年长江学者、国家优青基金获得者、青年千人、教育部新世纪人才
		S2. 青年人才	45岁以下的优秀青年人才（万人计划青年拔尖人才、青年长江学者、国家优青基金获得者、青年千人、教育部新世纪人才）
		S3. 生师比	分别统计博士、硕士生师比。此指标设置“下限”，低于下限均为满分
	A2. 支撑平台	S4. 重点实验室、基地、中心	①国家重点实验室、国家工程技术研究中心、国家国际科技合作基地、国家教学示范中心、国家2011协创中心、国家野外监测站 ②省级重点实验室、基地、中心

续表

一级指标	二级指标	三级指标	三级指标说明
B. 人才 培养 质量	B1. 培养过程质量	S5. 教材质量	近四年出版的国家级规划教材
		S6. 课程与教学质量	①国家教学成果奖、研究生教育成果奖、省级教学成果奖(按省做标准化处理) ②国家精品视频公开课(高教司)、精品资源共享课(师范司)、来华留学英语授课品牌课(国际司)
		S7. 学生国际交流	①赴境外联合培养或访学(超过3个月)的学生人数及比例 ②到国内联合培养或访学(超过3个月)的境外学生人数，授予境外学生学位数 ③赴境外参加国际会议并作口头报告(需提供报告邀请函)的学生人数
	B2. 在校生质量	S8. 学位论文质量	①全国博士学位论文抽检合格率 ②各省硕士论文抽检合格率(按省做标准化处理)
		S9. 学生代表性成果▲	列举20项研究生在校期间的优秀成果，如：参加重要竞赛获奖，发表高水平论文，主持或参与重要科研项目，取得重要科研成果，创新创业成功案例，由专家进行评价
		S10. 授予学位数	授予博士和硕士学位人数。此指标设置“上限”，超过上限均为满分
	B3. 毕业生质量	S11. 优秀毕业生▲	列举20名近15年优秀博士、硕士毕业生，由专家进行评价
		S12. 用人单位评价▲	用人单位参考毕业生的职业胜任力、职业道德、社会责任感等，对毕业生进行满意度评价
C. 科学 研究 水平	C1. 学术发表	S13. 学术论文质量▲	①ESI高被引论文数(将前3%的论文按0.5篇折算为前1%)及A类期刊与会议论文数【计算机科学与技术、软件工程、化学工程】 ②提供40篇代表性论文(每位教师最多填写6篇)，由专家根据发表期刊档次、论文引用情况、国际合作情况及涉及教师数量等逐篇进行评价
	C2. 成果转化	S14. 专利与成果转化	①仅统计已转让或应用的发明专利与国防专利(需提供转让合同或应用证明) ②农作物新品种、林木良种【农学门类】
	C3. 科研获奖	S15. 科研获奖情况	①国家自然科学奖、技术发明奖、科技进步奖，教育部高校科研成果奖(科学技术) ②省级科技贡献奖/科技功臣奖/科技成就奖、自然科学奖、技术发明奖、科技进步奖 ③梁希林业科学技术奖【林业工程、林学】
	C4. 科研项目	S16. 科研项目情况(国家级项目数、经费数及导师师均总经费各占1/3权重)	①国家科技部项目(如国家973计划、863计划、支撑计划)、国家自然基金项目等国家级项目 ②军队及国防科技项目 ③30项省部级及横向科研项目

续表

一级指标	二级指标	三级指标	三级指标说明
D. 社会服务与学科声誉	D1. 社会服务贡献	S17. 社会服务特色与贡献▲	学科提供4个社会服务的“代表性案例”，如：为制定政策法规、发展规划、行业标准提供咨询建议；推进科研成果转化和产学研结合，为地方经济社会发展服务；推动科学普及，开展社区服务；担任国内外重要社会兼职(如重要国际组织高层、杂志主编)，为推动学科和行业发展、提升国际影响力做出贡献；由同行专家和行业人士进行主观评价
	D2. 同行与行业声誉	S18. 同行与行业声誉▲(含学术声誉、学术道德等)	由同行专家和行业人士根据学科的学术声誉、学术道德等印象，参考学科简介进行主观评价。本次同行专家拟引入部分境外专家

注：标“▲”表示主观评价指标。

(三)学科评估过程

第四轮学科评估共经历信息采集、信息核实、主观评价、权重确定、结果产生、结果发布等六大环节。信息采集是通过国家自然科学基金委等有关部门和第三方数据提供商等获取公共数据，再通过参评学科严格按照数据填报标准提供其他评估信息；信息核实是通过证明材料核查、公共数据比对、重复数据筛查等举措，对申报信息进行全面核查，并在确保国家信息安全的前提下对部分材料进行网上公示，接受同行监督，再将核查结果与公示异议反馈给各单位进行核实确认；主观评价是通过对23万名学生和15万用人单位联系人开展大规模网络问卷调查，邀请13000多名同行专家对5项主观指标进行“基于客观事实的主观评价”，邀请同行专家和行业企业专家进行学科声誉调查；权重确定是通过参考上轮指标权重和本轮评估改革理念，形成指标权重“初值”，召开专家研讨会确定指标权重“参考值”，邀请专家近9000名根据权重设置原则和“参考值”给出建议权重，学位中心通过求平均得到95个学科的最终权重；结果产生是对客观指标按照“线性规划法”计算出各末级指标得分，对主观指标分别邀请同行与行业专家、在校学生、用人单位进行评价，计算出各末级指标得分，学位中心再根据指标权重加权计算出二级指标、一级指标和整体水平得分；结果发布是按照“精准计算、分档呈现”的原则公布结果，将高校与科研单位的评估结果分别呈现，首次立足学科评估关键指标分析对外展示我国学科建设主要成就，并向参评高校提供“学科优秀率”(A类学科占全校博士硕士授权学科数的比例)信息。

二、电气工程第四轮学科评估结果

该学科共有86个学位授予单位参评，“博士授权学科”参评率100%，评估首次采用百分位“分档”方式公布评估结果，不公布得分、不公布名次，不强调单位间精细分数差异和名次前后，根据“学科整体水平得分”的位次百分位，将前70%的学科分为9档公布：前2%(或前2名)为A+，2%~5%为A(不含2%，下同)，5%~10%为A-，10%~20%为B+，20%~30%为B，30%~40%为B-，40%~50%为C+，50%~60%为C，60%~70%为C-。第四轮学科评估结果见表2，W大学电气工程一级学科在本轮评估中等级为B，与其他8所高校位列第17~25。

表 2　　**第四轮电气工程学科评估结果**

评估结果	学校代码及名称
A+	10003 清华大学
	10698 西安交通大学
A	10079 华北电力大学
	10487 华中科技大学
A-	10213 哈尔滨工业大学
	10335 浙江大学
	10611 重庆大学
	90038 海军工程大学
B+	10056 天津大学
	10142 沈阳工业大学
	10248 上海交通大学
	10286 东南大学
	10287 南京航空航天大学
	10422 山东大学
	10532 湖南大学
	10613 西南交通大学
B	10004 北京交通大学
	10080 河北工业大学
	10188 东北电力大学
	10214 哈尔滨理工大学
	10290 中国矿业大学
	10359 合肥工业大学
	10486 武汉大学
	10561 华南理工大学
	10699 西北工业大学
B-	10112 太原理工大学
	10141 大连理工大学
	10256 上海电力大学
	10294 河海大学
	10386 福州大学
	10536 长沙理工大学
	10610 四川大学
	11075 三峡大学

续表

评估结果	学校代码及名称
C+	10006 北京航空航天大学
	10145 东北大学
	10216 燕山大学
	10247 同济大学
	10254 上海海事大学
	10280 上海大学
	10299 江苏大学
	10593 广西大学
	10700 西安理工大学
	10755 新疆大学
C	10147 辽宁工程技术大学
	10288 南京理工大学
	10433 山东理工大学
	10459 郑州大学
	10462 郑州轻工业学院
	10533 中南大学
	10614 电子科技大学
C-	10019 中国农业大学
	10060 天津理工大学
	10217 哈尔滨工程大学
	10219 黑龙江科技大学
	10252 上海理工大学
	10424 山东科技大学
	10460 河南理工大学
	11535 湖南工业大学

注：评估结果相同的高校排序不分先后，按学校代码排列。

三、W 大学电气工程学科总体情况分析

(一)学科整体水平位次和学科一级指标位次

从表 3 可以看出，“社会服务与学科声誉”一级指标位次优于学科整体水平，“科学研究水平”、“师资队伍与资源”2 个一级指标位次与学科整体水平基本持平，“人才培养质量”一级指标位次靠后。

表 3　　该学科整体水平和一级指标位次统计表

一级指标	位次	学科整体水平位次区间
师资队伍与资源	19	17~25
人才培养质量	25	
科学研究水平	17	
社会服务与学科声誉	14	

(二)学科二级指标位次及得分

从表 4 可以看出，该学科“师资队伍”、“毕业生质量”、“科研获奖”、“科研项目”、“社会服务”、“学科声誉”等 6 个二级指标的位次优于学科整体水平，“支撑平台”、“培养过程质量”、“在校生质量”等 3 个二级指标位次落后于学科整体水平，“科研成果”二级指标的位次与学科整体水平基本持平。

表 4　　该学科各二级指标位次与得分对比分析表

二级指标	位次	学科整体水平位次区间	得分	同授权类型高校平均分
师资队伍	14	17~25	85.2	82.5
支撑平台	28		67.7	72.1
培养过程质量	26		69.1	71.2
在校生质量	33		82.3	89
毕业生质量	14		90.8	89.3
科研成果	20		69.2	73.2
科研获奖	13		68.6	68
科研项目	9		62.6	62.8
社会服务	15		81.4	81
学科声誉	13		91.5	87.5

注：同授权类型高校指电气工程博士授权学科高校。

四、学科指标分析

(一)师资队伍与资源情况

1. “师资队伍与资源”一级指标分析

本轮评估将参评单位按指标得分从高到低进行分段，每 5 个位次分为一段。该学科“师资队伍与资源”一级指标在 84 个参评单位中位次为第 19。

2. “师资队伍与资源”下设二级指标分析

(1)“师资队伍”二级指标分析。该学科“师资队伍”二级指标在 84 个参评单位中位次为第 14，得分高于全国博士授权高校平均分。相关数据分析：该学科“专任教师数”位于第 2 段；“生师比”体现了师资数量充足；“代表性骨干教师数”指标：国字号人才仅长江学学者(国家杰出青年基金获得者)和973首席科学家2人；“团队”指标：有1个湖北省教学团队；“45岁以下代表性青年骨干教师数”指标：具有正高级职称的只有4人，国字号人才为1人。从表5可以看出，该学科与B档以上高校相比，“青年教师比例”、“正高级职称比例”、“海外经历比例”较低，反映该学科国字号人才以及国家级、省部级科研创新团队匮乏，师资队伍结构质量有待提高，人才队伍的可持续发展能力不强。

表5　　　　　　　　　　**“专任教师师资队伍结构情况”统计表**

分类	青年教师比例(%)	博士学位比例(%)	正高级职称比例(%)	副高级职称比例(%)	海外经历比例(%)	外籍教师比例(%)	骨干教师平均年龄(岁)
该学科情况	55.0	88.3	30.6	41.4	39.6	0.9	46
A+档高校平均情况	65.5	94.3	43.1	43.6	63.1	1.9	48
A档高校平均情况	65.8	95.6	47.0	34.9	55.0	0.8	48
A-档高校平均情况	63.5	82.6	39.3	34.3	41.1	1.3	48
B+档高校平均情况	63.0	84.4	33.1	41.7	49.4	1.3	46
B档高校平均情况	66.4	79.9	32.2	39.0	38.4	0.9	46
B-档高校平均情况	60.7	71.0	28.6	41.4	28.4	0.9	46
C+档高校平均情况	61.6	73.0	25.7	43.4	24.2	1.0	44
C档高校平均情况	62.3	66.8	24.7	39.6	29.9	0.0	43
C-档高校平均情况	57.5	52.9	22.8	45.7	13.9	0.0	44
其他高校平均情况	70.0	49.4	24.8	38.7	11.4	0.0	43

(2)“支撑平台”二级指标分析。该学科“支撑平台”二级指标在84个参评单位中位次为第28，得分低于全国博士授权高校平均分。相关数据分析：该学科有国家电工电子实验教学示范中心、国家虚拟仿真实验教学中心、国家工程实践教育中心、教育部工程研究中心等4个国家级平台，但都是作为参与单位，国家级平台数得分在84个参评单位中位次为第34，反映该学科国家重点实验室、国家重大科技基础设施、国家工程技术研究中心、国家工程研究中心、国家工程实验室、教育部重点实验室等国家级平台严重匮乏。

(二)人才培养质量情况

1.“人才培养质量”一级指标分析

该学科“人才培养质量”一级指标在84个参评单位中位次为第25。

2.“人才培养质量”下设二级指标分析

(1)“培养过程质量”二级指标分析。该学科“培养过程质量”二级指标在84个参评单位中位次为第26(见表6)，得分低于全国博士授权高校平均分。相关数据分析：该学科“国家级教学成果奖数”和“精品课程数”在84个参评单位中位次分别为第6和第9，位于第1段，与“一流学科”平均值持平；“导师指导质量”问卷调查得分77.1，位于第11段，位次为第61~65；“导师指导学生时间”，问卷调查结果是导师平均每月指导时间为5.4小时，位于第15段，位次为第78；“赴境外学习交流学生”位次为第18，位于第3段；“境外来华学习交流学生人数”在84个参评单位中位次为第6，位于第2段。这反映该学科在教学成果、精品课程建设及国际化办学方面具有优势，但是在校生普遍对导师指导满意度不高，认为导师指导学生时间投入不足。

表 6 **“人才培养质量”二级指标得分统计表**

指标名称	得分	位次
培养过程质量	69.1	26
在校生质量	82.3	33
毕业生质量	90.8	14

(2)“在校生质量”二级指标分析。该学科“在校生质量”二级指标在84个参评单位中位次为第33，得分低于全国博士授权高校平均分。相关数据分析：“学位论文质量”采用该学科近四年“博士学位论文抽检合格率”作为衡量指标，该学科在博士学位论文抽检中有1篇不合格论文，“博士学位论文抽检合格率”为78.26%，在37个抽检单位中位次为第37；授予学位数在84个参评单位中位次为第9，位于第2段。这反映该学科研究生培养数量充足，研究生培养质量和博士学位论文质量合格率有待提高。

(3)“毕业生质量”二级指标分析。该学科“毕业生质量”二级指标在84个参评单位中位次为第14，得分高于全国博士授权高校平均分。相关数据反映该学科毕业生就业率高，就业质量好，社会认可度和契合度高。

(三)科学研究水平情况

1. “科学研究水平”一级指标分析

该学科“科学研究水平”一级指标在84个参评单位中位次为第17。

2. “科学研究水平”下设二级指标分析

(1)“科研成果”二级指标分析。该学科“科研成果”二级指标在84个参评单位中位次为第20(见表7)，得分低于全国博士授权高校平均分。相关数据分析：“扩展版ESI高被引论文数”有1篇3%论文，在84个参评单位中位次为第27，得分低于全国博士授权学科平均值；“已转化或应用专利数”位次为第19，得分低于全国博士授权学科平均值；有2本“十二五”国家级规划教材，“国家级规划教材数”在84个参评单位中位次为第10，得分高于全国博士授权学科平均值。这反映该学科规划教材建设有优势，科研成果转化不够，高水平研究论文匮乏。

表 7 **“科学研究水平”二级指标得分统计表**

指标名称	得分	位次
科研成果	69.2	20
科研获奖	68.6	13
科研项目	62.6	9

(2)“科研获奖”二级指标分析。该学科“科研获奖”二级指标在84个参评单位中位次为第13，得分略低于全国博士授权高校平均分。相关数据分析：有1项第三合作单位国家技术发明奖，18项省级科技奖项，“国家级科研奖励数”在84个参评单位中位次为第22，低于全国博士授权学科平均值，反映该学科国家级科研奖项缺乏。

(3)“科研项目”二级指标分析。该学科“科研项目”二级指标在84个参评单位中位次为第9，得分略低于全国博士授权高校平均分。相关数据分析：该学科每年研究经费 8000 万元以上，承担的国家重大重点项目 2 项，参与国家级科研项目 58 个，数量上与 B 和 B+档高校相当，“国家级科研项目到账经费数”位次为第 18，低于全国博士授权学科平均值，低于本省该学科的平均值，反映该学科承担国家级重大重点项目数量少，国家级科研项目到账经费占总研究经费比例少。

(四)社会服务与学科声誉情况

1. “社会服务与学科声誉”一级指标分析

该学科“社会服务与学科声誉”一级指标在 84 个参评单位中位次为第 14。

2. “社会服务与学科声誉”下设二级指标分析

表 8　**“社会服务与学科声誉”下设二级指标得分统计表**

指标名称	得分	位次
社会服务贡献	81.4	15
学科声誉	91.5	13

(1)“社会服务”二级指标分析。该学科“社会服务贡献”二级指标在 84 个参评单位中位次为第 15(见表 8)，得分高于全国博士授权学科平均值。

(2)“学科声誉”二级指标分析。该学科定位于面向国家能源战略和电气工程领域重大需求，致力于服务行业和地方经济社会发展需求，为电气工程领域培养了大批国家脊梁和领袖人才，在传统高电压技术和电力系统领域保持了优势和特色，“学科声誉”二级指标在 84 个参评单位中位次为第 13，得分高于全国博士授权高校平均值，反映该学科社会认可度高、学科声誉高。

综上，该学科指标与学科整体水平相比，“师资队伍”、“毕业生质量”、“科研获奖”、“科研项目”、“社会服务”、“学科声誉”等指标有相对优势，“支撑平台”、“培养过程质量”、“在校生质量”等指标相对较弱；与同授权类型高校平均情况相比，该学科“师资队伍”“毕业生质量”、“科研获奖”、“社会服务”、“学科声誉”等指标有相对优势，“支撑平台”、“培养过程质量”、“在校生质量”、“科研成果”、“科研项目”等指标相对较弱。

五、学科发展态势分析

(一)与前一轮学科评估结果对比分析

与第三轮学科评估相比，该学科被原来在同一梯队的 4 所高校超过，被原来靠后的 5 所高校追平，而该学科超过和追平的高校数为 0(见表 9)。因此，与第三轮学科评估相比，该学科评估结果退步明显。

表 9　**与前一轮学科评估整体水平对比情况分析表**

第四轮结果位次	第三轮结果位次	超过高校数	被超过高校数	追平高校数	被追平高校数	比较结果
B(17~25 位)	并列 13 位	0	4	0	5	退步

(二)一级指标发展态势分析

从表 10 可以看出，与第三轮学科评估相比，本轮“师资队伍与资源”一级指标位次与上轮相比有所进步，在同授权类型高校中，位次百分比与上轮相比也所进步；“人才培养质量”一级指标位次与上轮相比退步 15 名，在同授权类型高校中，位次百分比与上轮相比退步很大；“科学研究水平”一级指标位次与上轮相比有小幅退步，在同授权类型高校中，位次百分比与上轮相比有所进步；“社会服务与学科声誉”一级指标位次与上轮相比有所退步，在同授权类型高校中，位次百分比与上轮相比有所退步。因此，该学科 4 个一级指标中有 1 个指标有小幅进步，其他 3 个一级指标都在退步，特别是“人才培养质量”一级指标位次大幅度退步了 15 位，造成学科整体水平退步明显。将本轮学科评估“学科声誉”与“学科整体水平”进行对比，本轮“学科声誉”位次为 13，位次优于学科整体水平，说明该学科声誉高，学科整体水平取得 B 档在一定程度上依赖于学科长期积累的学科声誉，学科建设成效有待进一步加强。

表 10 与前一轮学科评估一级指标位次对比分析表

一级指标 / 轮次	师资队伍与资源		人才培养质量		科学研究水平		社会服务与学科声誉	
	位次	同授权类型高校位次百分比	位次	同授权类型高校位次百分比	位次	同授权类型高校位次百分比	位次	同授权类型高校位次百分比
第三轮	21	63.3%	10	33.3%	16	53.3%	11	36.7%
第四轮	19	48.7%	25	64.1%	17	41%	14	35.9%

六、学科发展思路

第四轮学科评估对该学科建设、人才培养、科学研究以及社会服务等方面进行了一次全面体检，为查找与同类高校间的实际差距提供了很好的参考。为进一步促使学科建设水平和研究生教育质量提升，W 高校在第四轮学科评估结果基础上对该学科的发展态势、优势与不足进行系统分析后，提出了该学科今后发展思路。

(一)发展目标

通过对比电气学科评估指标，结合该学科近年来发展实际分析，该学科发展目标是力争在第五轮学科评估中由目前 B 档进入 B+档。

(二)努力方向

通过对比该学科发展现状与目标高校学科关键指标信息，该学科 4 年内重点需要在以下几个方面取得突破。

(1)国字号人才数量达到 15 名左右，增加 1 个国家级创新团队，提高专职教师中“青年教师比例”、“正高级职称比例”和“海外经历比例”。

(2)牵头成功建设 1 个国家级平台。

(3)提高研究生培养质量，提升博士论文质量和高水平成果产出率。

(4)牵头获批 2 项国家级成果奖，国家成果奖项总数达到 3~4 项，转化专利 100 项。

(5)SCI 论文每年增加 30%，ESI 高被引论文达到 10 篇左右。

（6）牵头承担国家重大重点科研项目5项以上，承担国家课题10项以上，国家级科研项目到账经费达到4000万元。

（三）具体措施

1. 优化学科结构

该学科所在学院只有电气工程一个学科，表现出来的突出问题是学科发展无法有效承接材料、信息、动力系统、物理、化学、生命科学、环境科学等学科的发展成果，难以突破传统电力系统领域的基础范畴去寻找更大的发展空间，面对国家战略需求有关方向几乎束手无策，难以提出和开展重大科学问题研究。此外，单一的学科和学缘结构非常不利于高水平人才队伍建设，学科发展所需的能够站在国家战略高度的高水平人才引进和培养乏力。通过整合相关或相近学科可以优化学院学科结构，突破学科结构单一长期以来对学院学科发展的束缚，整合教学、科研、师资及行业优势资源，深化学科交叉融合，促进学科发展和人才培养质量的提升。

2. 加强学科团队建设

实施人才强院战略，设置个性化岗位，制定引进和培养高层次人才条件、待遇及奖励办法，保障人才工作的推进和落实，引进和培育一批活跃在国际学术前沿、满足国家和地方重大战略需求，推动学科快速发展的学科领军人物和创新团队。积极为拔尖人才的脱颖而出创造良好的工作环境，不断优化学科团队结构，形成合理的学术梯队，提高学科团队的国际化水平，培育跨学科、跨领域的创新团队，增强人才队伍可持续发展能力。

3. 推进学科内涵建设

瞄准行业发展和社会需求，科学凝练学科发展方向，集中优势资源，打造优势特色学科方向。淡化科研项目的规模和数量，强调科学研究的内涵与质量，制定学科奖励暂行办法，鼓励教师承担国家级重大重点纵向科研项目，鼓励教师产出高层次创新科研成果和高水平研究论文。

4. 提高研究生培养质量

加大研究生教育投入，严格研究生培养过程，提高研究生科研条件，加强研究生学术道德建设。建立有效机制，将学科要素转化为教学要素，促进学科专业、科研教学一体化建设，将科研平台作为提高人才培养质量的重要载体。完善研究生导师评价考核机制，加强对研究生导师立德树人职责落实情况的评价。完善表彰奖励机制，将研究生导师立德树人评价考核结果作为人才引进、职称评定、职务晋升、绩效分配、评先评优的重要依据。制定研究生高水平科研成果奖励办法，加大力度推进研究生科学研究创新驱动力建设。

5. 加大支撑平台建设

充分利用W高校多学科优势，组建跨学科交叉研究平台，加大重点实验室等硬件平台建设，充分发挥平台汇聚人才的积聚效应，将学科平台建成创新驱动、协同创新、科技攻关、成果产出的重要载体，同时加强软件环境建设，依托平台基础，积极创造良好的创新文化氛围，创新解决束缚科研人员积极性发挥的体制机制，依托高水平平台，建设一支高水平研究队伍，承担一批国家级重大、重点研究项目，取得一批国家级标志性成果，强力支撑学科建设。

◎ 参考文献

［1］ 王瑞胡．学科评估指标体系变更对高校学科建设工作的启示[J]．重庆高教研究，2016（4）：85-86.

［2］ 熊庆年，张端鸿．学科评估中的价值评估及其类型[J]．教育发展研究，2017（3）：135.

·教育政策与管理·

变“被动”为“主动”

——试析武汉大学本科人才培养学分制改革

陆晗昱

(武汉大学　本科生院，湖北　武汉　430072)

摘　要：更新人才培养理念、深化高校教育教学改革是近年来各高校人才培养工作的重要议题，武汉大学从2013年实施学分制收费制度改革以来，不断探索和深化人才培养体系和自主学习模式的改革，这个过程中学生、教师、各基层教学组织和教学管理部门都在新理念、新任务的指引下，努力进行人才培养模式和体系的优化，基本建立了学生自主学习机制和与之对应的培养、支撑体系。

关键词：人才培养；教育教学改革；自主学习

From “Passive” to “Active”

—Analysis on Undergraduate Talent Cultivation System Reform of Wuhan University

Lu Hanyu

(Undergraduate College, Wuhan University, Wuhan, Hubei, 430072)

Abstract: Renew the concept of talent cultivation and deepen educating and teaching reform in universities are the key issues of personnel cultivation work in colleges and universities in recent years. Since the credit system reform in 2013, Wuhan University constantly explores and deepens reform of the personnel cultivation system and the independent learning model. Through this process and under the guidance of new ideas and new tasks, students, teachers, grassroots teaching organizations and cultivation management departments all strive to optimize the mode and system of talent cultivation and basically establish the mechanism of students' independent learning and corresponding cultivation and support system.

Key words: Talent cultivation; Educating and teaching reform; Independent learning

我国高等教育人才培养理念从20世纪50年代提倡本科教育打造专才发展到现在的培养复合型、宽口径、高素质人才，且“以学生发展为中心”，这已成为高等学校教育教学改革、提升人才培养质量的核心理念。在建设世界一流大学和一流学科(下文简称“双一流”建设)的高等教育发展重要使命以及国际著名高校引领的新型教育模式探索浪潮的推动下，建立学生“自适应”学习体系和对应的教学管理支撑体系，已经成为高等教育发展的趋势。这种“自适应”学习体系需构建配套的人才培养体系。本科人才培养方案

收稿日期：2018-09-14

作者简介：陆晗昱(1984—　)，女，黑龙江黑河人，武汉大学本科生院副主任秘书，博士在读，主要从事高校教学管理工作与研究。

在规划人才培养体系时，趋向打破学科壁垒，实施大类招生和大类培养，构建学科基础课程平台，进一步加强通识教育，促进通识教育与专业教育的有机结合。建立和推行这样的人才培养理念，需要有对应的教学方案和教学管理支撑系统与之配套执行，而建立科学可行的方案和保障方案实施的管理系统都有一个探索和实践的阶段。武汉大学从学分制收费改革开始进行人才培养理念及实施方法的革新和探索，经历了从最初的改革到形成较为成熟的培养和管理模式的探索过程。

一、第一阶段——从按学分收费制度说开去

2010年以来，武汉大学本科人才培养理念在国内外高校教育教学改革浪潮的推动下，开始计划和推动实施按学分制收费制度。按学分收费制度是将学费分为专业注册学费和学分学费两部分，学生秋季入学报到时，按学年缴纳专业注册学费，然后完成“选课—试听—确认—缴费—上课”的选课及学分学费缴费过程，针对学分制收费及结算工作、认定外校交流课程学分费和奖励学分费等相关细则，学校做出了相应规定；对应该项制度的推行，学校组织各教学培养单位系统论证并修订了本科人才培养方案。从2013级本科生开始学校正式实施按学分收费制度和当年新完成修订的人才培养方案。因按学分收费制度下选课与收费挂钩，故学生需要自主选课。于是从2013—2014学年第一学期开始，学生正式开始在2013版本科人才培养方案课程体系下自主规划学习。

在本次改革培养方案的顶层设计中，通识选修课所占比例为14%～20%，与2010版培养方案中通识选修课所占比例相差不大，通识必修、专业必修和专业选修课(相当一部分学院还设定了指定选修课，其相当于必修课)，即规定必选课程占比为80%～86%①。学生能主动选择的课程仍主要集中在通识选修课上。所以虽然形式是学生在系统中自主选课，但实际选择学习内容方面，学生自主选择的空间并不大。与过去的培养方案和选课体系本质上不同之处在于学生要对自己的选课负责，不能如以往一样随意选择通识选修课，而选后不去上课，白白浪费教学资源，学生成功选课即需到堂听课，如某学生到课率较低，或不听课只考试，教师可给予零分处理。从学校层面而言，这对优化配置教学资源有着重要意义，因按学分收费制度实施前学生虽也是在教务系统选择通识选修课，一门课多人抢选，但存在抢到多门课的学生在已选课程中二次选择听课内容的情况，大多数教师的处理方法是不给不来上课的学生分数，这对不去上课的学生没有实际影响，且无其他与选课相关的约束，故此种不负责任的选课行为屡禁不止。因课程教室容量有限，选课而不去上课的学生占用系统名额，使大量真心选修该门课程的学生选不到课。虽然实际操作中，教师会请教务管理人员将坚持听课的这部分学生姓名加入系统，但选课后期人为操作工作较多，既增加管理事务，又给课堂带来许多不确定因素。

从学生层面来看改革后的变化是，选课并试听后，若不满意授课内容或授课质量等等，可撤课重选，系统给予了更换选课的时间。这一点对于改革而言至关重要，其最终指向通识必修课和通识选修课两大模块的结构性变化。过去学生所上的通识必修课都是被安排好的，上课时间、地点和教师姓名直接出现在选课系统的“本人课表”中，然而在新方案的选课系统内，培养方案规定的通识必修课在名称和内容不变的前提下，每门课有十几甚至二十几个课头可供选择，每个课头都是不同教师、授课时间和地点的组合，学生可根据自己对教师教学质量的了解和对课程时间、地点的要求，自主选择上课课头。如讲授“马克思主义原理”的教师可能有十几位，学生可以根据教师口碑、授课时间、地点等因素选择任一课头，选后第一周试听若不满意，可在第二周改选阶段撤销选课并重新选择；再如体育课在综合课程名称“体育

---

① 各专业教学计划中会设置超出培养方案要求的学分数的课程，供学生在学科范围内有选择性地、深入学习专业研究性课程。

1/2”下，设置了“舞龙”、“健美操”、“太极拳”、“龙舟”以及各项田径和球类运动等多种丰富多彩的体育课程供学生选择，对不适宜进行剧烈运动的学生还提供体育保健课，初步建立起课程超市模式，扩大学生对学习内容的自主选择权。故虽然2013年版人才培养方案课程体系分布与老版培养方案相差不大，但在学分学费制度推行以后，学生在规定课程下自主选择课头的模式已初步建立。对于学生而言，面临自己安排学业的问题，只要专业提供足够可选的课程，他们可以选择在大一大二期间尽可能地修习课程，尽快修满学分，减轻大三、大四的学习压力，腾出更多的时间给专业实习、实践，以及学年论文和毕业论文的撰写。

学生自主进行课程安排，每人一课表的“自适应”学习体系对教学培养单位提出了许多新的要求。授课单位须提供更多的授课课头供学生选择，这对学院基层教学组织教研室和学校教学研究项目的管理部门都提出了新的挑战和教学改革方向。扩大学生学习自主选择权，不仅仅在于扩大学习内容的选择权，更在于对教师和学习要素的选择权，多设立同门课的课头，即建立课程超市的选课模式，可使学生更加自主和负责地规划安排自身校园学习文化生活。各专业教研室作为组织建设几位或多位教师同时讲授一门课程的基层组织单位，发挥了教研室教师的传帮带作用，特别是公共课教学单位首先倡导和组织教师集体备课，提高了教师授课质量和课堂效率，确保了学生选课的均衡性。建设和加强师资力量的同时，打造教学大纲和授课内容成熟稳定的精品基础课程，建设线上和线下的精品课程资源。学校则从整体规划上大力推行课程组建设和向省、国家报送各种精品课和慕课课程项目，推进一门课程下设多个课头，多位教师同时讲授同一门课的精品通识课程的建设。总之，课程形式的多样化，课程要素的可选化，课程内容的丰富化都成为人才培养改革过程的重要内容。

与此同时，2013年的这场实质为人才培养模式改革的学费结算方式变更，使按学分收费观念深入人心，学校管理支撑体系建立了相对应的硬件和软件保障设施和机制。作为学生，已开始建立对自己选课负责的自主学习意识，初步锻炼了制订自身学习计划和规划大学学习生活的能力；作为教师，也在适应这项改革的过程中体验了教学质量与选课的密切联系；作为基层教学组织，开始重新审视和规划自身的责任和任务；把握这场改革主要方向的校本科教学管理部门也在课程组建设和下一步在通识选修课程中展开同类型选课模式的改革方向上加强了建设力度。

第一阶段的改革过程中出现了不少问题，如开设的所有通识选修课是否有容纳各专业学生完成毕业要求达到的选修课程学分的课程容积等，2013级本科生毕业时该项矛盾即显现出来。

二、第二阶段——观念的碰撞和实践的反馈

2015年4月至10月，为进一步探讨研究型大学本科教育的定位和目标，学校开展了为期7个月的“本科教育改革大讨论”，组织国内外专家研讨60余次，并组织院（系）深入开展讨论，摸清全校范围内本科人才培养过程中存在的主要问题，并于2015年11月3日召开了本科教育工作会议，其中围绕通识教育改革展开深入讨论，在全校范围内确立以“成人”教育统领“成才”教育的理念，以通识教育促进“成人”教育，将通识教育与专业教育相融合。为落实大讨论的成果，总结学校10年以来的改革和人才培养经验，指导未来的本科教学发展路径，学校出台了“1+8”系列文件，形成以《武汉大学关于深化本科教育改革的若干意见》为主体的系列文件，对进一步加强本科生学习通识教育、体育、艺术和创业教育提出了实施意见，对考核学生学习和教师教学的工作提出了具体实施意见。其中2016年5月，学校发布的《武汉大学关于进一步加强通识教育的实施意见》文件（武大本字［2016］45号），重构了武汉大学通识课程体系，将原有七大模块修订为四大模块，即“中华文化与世界文明”、“科学精神与生命关怀”、“社会科学与现代社会”、“艺术体验与审美鉴赏”，并强调做好顶层设计，提出着力建设核心通识课程，严格遴选、重点建设

50门左右的核心通识课程，大力加强核心通识课程教师团队建设，优先资助核心通识课程精品教材建设，打造一批具有武汉大学特色的、在国内具有重要影响的核心通识课程。“1+8”系列文件中，优化人才培养方案，重构教学课程体系的思想贯穿其中，这不仅体现在对体育文化、艺术教育和完善创新创业教育课程体系的种种具体举措中，更重要的是体现在人才培养理念优化后的人才培养方案修订顶层设计规划中。学校在最新一次人才培养方案修订顶层设计规划中，重点加强10门左右专业核心课程建设，增加选修课程比例，鼓励学生自主学习。自此，从改革收费模式到改革学生学习模式，武汉大学在形成学生自主化学习、按发展需求学习的培养模式道路上不断探索。

三、第三阶段——人才培养学分制改革的进一步发展

在培养理念和初步改革成果不断成熟的基础上，学校2017年启动了新一轮本科人才培养方案修订工作，在院(系)教学指导委员会论证和本科生院分学部调研的基础上，开展培养方案修订工作。本次培养方案修订工作贯彻本科教学改革大讨论成果和“1+8”文件规定内容，在顶层设计中与以往培养方案较大的区别，第一在于规定通识教育课程包含基础通识课程、核心通识课程和一般通识课程，其中基础通识课程为必修，要求所有学生必须修读人文社科经典导引、自然科学经典导引两门基础通识课程；核心通识课程模块中通识课程选修至少跨三个模块，所有学生必须选修“中华文化与世界文明”和“艺术体验与审美鉴赏”模块课程，人文社科类学生必须选修“科学精神与生命关怀”模块课程，理工医类学生必须选修“社会科学与现代社会”模块课程；通识课程要求每个学生至少修满12学分。第二在于增加跨学院选修课程学分要求，要求学生跨院(系)修读4个学分，部分学院为增强学生专业综合实力，对所跨院(系)作出规定，如历史学院要求学生自主选修文学、哲学、政治学、社会学等学院或专业开设的专业课程。

学校层面大力建设两门基础通识课程，组建基础通识课程教学团队，31名教师组成人文社科经典导引团队，34名教师组成自然科学经典导引团队，且两门基础通识课程均采取“大班授课、小班研讨”的教学模式，遴选助教参与人才培养。为落实发挥我校深厚的人文底蕴和文理交融性、综合性优势，促进教育与教学有机结合，大力培养学生的人文情怀和社会担当精神，加强通识课程建设，进一步落实学校通识教育委员会的决策，学校成立武汉大学通识教育中心，并通过调研和研究、研讨，完善基础通识课程的课程设计，撰写《武汉大学通识教育研究报告》，以期继续促进武汉大学通识教育发展。

从培养方案设计即可看出，学校没有增加通识课选修学分要求的总量，但增强了选课的规定性和指导性，在选课环节中两门基础通识课团队采取课程超市模式的师资配备，延续此前通识必修课程超市模式选课办法，将自主选课与培养目标体系有机结合，落实人才培养理念的同时贯彻学生自主选课的结构性优化模式，将教育教学改革推进一步。至此，公共基础课程和基础通识课程都已落实为规定模块下的课程超市模式，学生自主选择授课教师和课程安排；核心通识课程、一般通识课程和跨学科选修课程是学生在宽泛的范围内完全自主选择感兴趣的课程；专业教育课程中大类平台课程和实践课程为40~50学分(学分占比25%~35%)；其余为专业选修课程，学分数为35~45学分(学分占比25%~35%)，在各专业提供的诸领域的专业研究性课程中，学生根据个人兴趣自主选择专业内容进行深入学习，以提高专业知识水平和专业研究能力。总体而言，学生可自主选择学习内容、学习安排和讲授教师的课程所占比例已经非常大。

在这一系列的改革过程中，学生自主学习意识和学校“自适应”培养体系和支撑体系已基本建立，在未来的改革中将继续探索与实践，不断优化和发展本科人才培养体系和模式，培养一流的人才。

四、武汉大学人才培养学分制改革实践面临的问题和解决方法试析

人才培养理念和实践的革新最终要落实到人才培养质量上，教学改革只是手段，提高人才培养质量和教育教学水平才是最终目的。改革虽经深入调研和论证，但任何改革过程都不会一蹴而就，也不是开始即设计完美的，而是在解决面临的各种问题的过程中不断完善、不断更新的。在武汉大学人才培养改革的过程中，也面临来自学生、教师、教学管理等各个方面的不同理念和不同操作方法的问题和情况，仍存在一些亟待改进的方面，对于这些问题和情况学校各个教学层面都在不断探索解决的方法和途径。

学生在按学分收费制度下，有不肯修习更多课程以增加学分费的想法和为提高 GPA 点数对分数有功利性期待等情况，前种情况使得部分学生在大一、大二两个学年即已修习培养方案所要求的大部分毕业学分。大学三年级时各专业纷纷开设专业研究性课程，有助于学生对专业领域的进一步深入，但由于选课学生减少，满足于学分数够毕业的学生不再走进课堂，使得部分课堂听课人数较以往急剧减少，有的不到 10 人，虽然小班授课有利于课堂教学质量的提高，但如果听课人数过少，则产生降低教师授课积极性的不良影响。为解决这个问题，各基层教学组织一方面在培养方案教学计划中更合理地布局专业选修课，另一方面，也是更根本的解决方法，是提高教师授课质量。校、院两级每两年各自举办一次的青年教师教学技能竞赛，已经成为一种循环发展的模式，使教师在不断地调整和改进个人教学技能和教学内容过程中提高教学质量、增强教学效果；学校和院(系)紧抓教授给本科生授课，出台院(系)教师间互相听课等促进教学“传帮带”的制度，努力提升教师授课质量。学校针对学生出台了“对所修学分超出培养方案总学分≤6 个学分，学校免收超出课程学分费”①等鼓励学生选课学习的政策。作为承担教学管理育人职责的教学秘书，则加大发挥自身选课指导职能，为学生、特别是对设计个人学习培养计划感到困难的个体，有针对性地进行个体性教学计划设计指导，深度参与学生自我培养能力建设。

为解决学生对学习和分数功利性对待趋向的问题，教学管理和学生工作部门联手在学风建设和师德师风建设方面建立制度和管理办法，严格执行选课不上课或不考试则零分处理、严格旷课处理等教学管理规定，倡导和执行正规、正常的教学秩序；引导学生建立正确的学习价值观，不允许学生工作和教务管理人员变相鼓励学生养成功利性的学习价值观。

在培养方案改革的过程中，院(系)对一系列新理论和顶层设计也存在一个接受过程，一直以来的专业性培养使得院(系)在修订培养方案压缩专业课程学分时，有对学生培养专业性不强、专业视野不开阔的担忧，但各专业依然严格执行学校的顶层设计，推进通识教育的发展，并积极解决方案修订中的每项难题。可以说，人才培养改革的过程是全校从上到下各个教学层面和教学环节经历的一次洗礼，改革还在进行，在新修订人才培养方案执行过程中，还会遇到学生学习、教师教学和教学管理操作等各个方面出现的问题和情况，但只要心怀通识教育人才培养理念，积极、认真、细致地解决问题，创造性地思考建设性的对策，人才培养过程就会继续完善和发展，我们才会建设一流的本科教育。

◎ 参考文献

[1] 龙梦晴．素质教育与高校人才培养的理论与实践探析[J]．大学教育，2012(12)：29-30.

[2] 李翠荣．当代大学素质教育中的成人与成才问题[J]．河南师范大学学报(哲学社会科学版)，1998(5)：110-111.

---

① 《武汉大学学分制收费及结算工作实施细则》(武大本字[2014]98 号)，载《2018 年本科教学管理制度汇编》(印制未出版)，2018 年 4 月。

·教师与教学改革·

武汉大学拔尖创新人才英语教学研究

李　宁　赵菊珊

(武汉大学　本科生院，湖北　武汉　430072)

摘　要：为贯彻国家“基础学科拔尖学生培养试验计划”精神，武汉大学成立弘毅学堂作为拔尖创新人才培养基地，并以大类招生和大类培养改革为契机，深入推进拔尖创新人才英语教学小班化、个性化、国际化的探索与实践。

关键词：拔尖创新人才；英语教学；弘毅学堂

Study on English Teaching of Top-notch Innovative Talents in Wuhan University

Li Ning, Zhao Jushan

(Undergraduate College, Wuhan University, Wuhan, Hubei, 430072)

Abstract: In order to implement the guiding principles of national pilot program of top-notch talents training in basic science disciplines, Wuhan University has set up Hongyi Honor College as the base to cultivate top-notch innovative talents, and takes the opportunity to reform the enrolment and cultivation in large category to deepen the exploration and practice of small class, individualization and internationalization in English teaching of top-notch innovative talents.

Key words: Top innovative talents; English teaching; Hongyi Honor College

一、引言

党的十八大报告明确把“创新人才培养水平明显提高”作为全面建成小康社会的重要目标。党的十八届三中全会通过的《中共中央关于全面深化改革若干重大问题的决定》明确提出要“创新高校人才培养机制，促进高校办出特色争创一流”。国务院《统筹推进世界一流大学和一流学科建设总体方案》中将“培养拔尖创新人才”作为建设任务之一。这些重要论述，反映了社会主义现代化建设新阶段对拔尖创新人才培养的新要求，也强调了拔尖创新人才培养在当前高等教育中的重要性。

2009年，教育部、中组部、财政部联合实施“基础学科拔尖学生培养试验计划”，旨在培养具有国际

收稿日期：2018-07-30

作者简介：李宁(1988—　)，男，汉族，湖北孝感人，博士，武汉大学本科生院弘毅学堂教学综合管理办公室副主任，主要从事高等教育管理研究。赵菊珊(1965—　)，男，汉族，湖北大悟人，副研究员，硕士，武汉大学本科生院副院长兼教务处处长，长期从事高校教学管理工作。

一流水平的基础学科领域拔尖创新人才。拔尖创新人才是在相关领域具有巨大潜质和能力，能够在未来取得显著成就的特殊群体，这一群体普遍具备高水平的智力、创造力、领导力以及深厚的人文底蕴和宽广的国际视野。在拔尖人才培养模式上，普遍进行以“一制三化”(导师制、小班化、个性化、国际化)为特征的因材施教培养模式探索与实践。因此，熟练掌握英语语言是拔尖创新人才的基本要求，英语教学也是拔尖创新人才培养的重要环节。武汉大学于2010年加入“基础学科拔尖学生培养试验计划”并成立弘毅学堂，以此作为拔尖创新人才培养的荣誉学院和实行大类招生、大类培养的试验区。弘毅学堂高度重视学生英语应用能力和跨文化交流能力的培养，坚持拔尖创新人才小班化、个性化、国际化的培养要求，不断推进拔尖创新人才英语教学的探索与实践。

二、武汉大学拔尖创新人才英语教学的实践探索

2016年，弘毅学堂实行大类招生与培养改革，进一步厘清学生培养目标，致力于培养具有坚定民族精神、开阔国际视野、强烈责任感与使命感、人格健全、知识宽厚、能力全面、意志坚定、富有探索精神和创新意识，能够参与国际竞争的研究型人才。进一步丰富并明确学生毕业要求，要求学生能了解中国与世界文明发展的基本脉络，熟练掌握一门外国语，能阅读专业书刊、参与专业讨论、书面与口头展示学习与研究成果，系统地掌握本专业的基本理论知识、基本实验方法和技能，了解本专业发展前景与国际最新发展动态，学习与了解其他相关基础学科的基本原理和跨学科的知识，同时掌握运用现代信息技术查询与检索文献的方法等。

基于以上认识，弘毅学堂将大学英语作为拔尖人才培养的一门重要必修课来设置建设，深入推进拔尖创新人才英语教学小班化、个性化、国际化培养的探索与实践，使其服务于拔尖人才培养理念与目标，并为拔尖人才的成长发展做出重要贡献。

在班级设置上，弘毅学堂坚持小班化的培养要求，采取“分类设班、统一授课”的模式，通过进校英语水平测试了解所有学生的英语水平，并以此为依据将学生分成各个小班，使得每班学生英语水平接近，且各班人数不超过30人，确保各班老师与学生有充分的时间和空间进行交流，同时要求各班使用统一教材和课程内容，但可以根据各班学生英语水平在教学进度上有所区别，以此保证弘毅学堂所有学生能获得同等的教育资源。

在课程内容和学分要求上，弘毅学堂不断强化个性化的培养特色，为学生单独开设高级英语(1)、高级英语(2)、西方文化名著选读和英语文本中的中国四门公共必修课，其中前两门课程均为3学分，后两门课程均为2学分，合计10学分，超过普通学生英语课程8学分的基本要求，以此提高弘毅学堂学生的英语要求和学习强度。此外，将学生毕业总学分控制在130学分以内，使学生有足够的时间和精力根据个人兴趣和爱好选修其他课程，凸显个性化的培养特色。

在教学目标上，逐步将英语教学从“语言学习”转变到“文化学习”，从“语言技能培养”转变到“博雅通识教育”。高级英语(1)和高级英语(2)两门课程的教学目标是培养学生的英语应用能力和自主学习能力，使他们在未来的生活、学习、科研、国际交流等工作中能够有效地使用英语，为未来出国深造、科研合作和国际会议论文撰写及宣读打下坚实基础。西方文化名著选读和英语文本中的中国则是为弘毅学堂学生开设的个性化课程，旨在拓宽学生的知识面、激发学习兴趣，重点培养学生跨文化交际意识和交际能力。

在教学特色上，弘毅学堂始终坚持国际化的办学要求，在教学过程中不断强化学生英语应用能力和跨文化交际能力的培养与塑造。其中高级英语(1)和高级英语(2)两门课程以教材为主线进行探究式学习及项目式学习，从听力理解、口语表达、阅读理解和书面表达四个方面培养学生的英语应用能力。西方

文化名著选读则以西方文明发展为脉络，撷取每个时期的代表作 1～2 篇向学生进行详细解读。这些文本题材丰富，涉及哲学、宗教、文学、政治学、心理学、生物学和伦理学等领域。通过指导学生品读这些题材丰富、风格各异的文学作品，引导学生多角度、多层次地了解西方国家的文化、政治、社会、人物、哲学、历史和艺术方面的基本知识，帮助学生较全面、系统、准确地领略西方文化的演变和发展轨迹，开阔视野，陶冶情操，进一步提高学生英语阅读能力和理解能力，激发学生英语学习的热情，为他们深入学习和研究西方文化奠定良好基础。英语文本中的中国则以“中国”为主体意象，撷取多个英语文本对中国的描述或翻译，探讨西方文明对中国不同时期各个方面的认识和表达。这些文本同样题材丰富，有英国作家毛姆在 20 世纪早期写的短篇札记《在中国屏风上》，也有美国记者彼得·海斯勒在 20 世纪末期来中国任教后写的小说《江城》；有大卫·霍克斯翻译的《红楼梦》，有闵福德翻译的《聊斋志异》；有美国华裔女作家汤亭亭虚构的她想象中的花木兰的故事（《女勇士》）；有旅美女作家严歌苓从一百多本西方史学者的著作中发掘并重写的一段早期华人移民史（《扶桑》）。通过指导学生从英语世界的角度来解读中国文明，为学生提供一个全新的视角来理解中国文化和中国社会，并将语言能力培养和人文素养教育有机结合起来，重点培养学生的跨文化交际意识与能力。

三、武汉大学拔尖创新人才英语教学的成效分析

经过两年的探索与实践，弘毅学堂 2016 级学生已顺利完成四门英语必修课的修读，本文选取弘毅学堂 2016 级学生入校英语水平测试成绩、高级英语(1)、高级英语(2)、西方文化名著选读和英语文本中的中国四门课程期末测试成绩来探讨弘毅学堂拔尖创新人才英语教学的具体成效。

弘毅学堂 2016 级共计有 103 人具有上述五项测试成绩，各项测试平均分及不同分数区间段的人数分布如表 1 所示。从表 1 可以看出，弘毅学堂 2016 级学生在入校英语水平测试中有 79 人成绩在 70 分以下，占比 76.70%，其余 24 人成绩也均位于 70 至 80 的区间，没有人成绩超过 80 分，整体平均分不到 60 分。但是经过 1 个学期高级英语(1)课程的学习后，在期末考试中 70 分以下的只有 4 人，70～80 分的有 31 人，80～90 分的有 66 人，还有 2 人获得 90 分以上，分数超过 80 分以上的比例达到 66.02%，整体平均分达到 80.56 分，相比入校英语水平测试提高 35.09%。经过第 2 个学期高级英语(2)课程的学习后，弘毅学堂 2016 级学生英语成绩进一步提高，在期末测试中 90 分以上学生达到 24 人，80～90 分的学生也有 54 人，70 分以下的降至 2 人，整体平均分达到 84.00 分。进入第 3 学期后，弘毅学堂英语教学转向跨文化英语交流能力培养，在这学期的期末考试中，弘毅学堂学生英语成绩相比第 2 学期略有下降，其中 80～90 分

表 1　**弘毅学堂 2016 级学生英语测试成绩分布表**

课程	分数位于[0，70)区间人数所占百分比	分数位于[70，80)区间人数所占百分比	分数位于[80，90)区间人数所占百分比	分数位于[90，100]区间人数所占百分比	合计人数	平均分
入校英语水平测试	76.70%	23.30%	0.00%	0.00%	103	59.63
高级英语(1)	3.88%	30.10%	64.08%	1.94%	103	80.56
高级英语(2)	1.94%	22.33%	52.43%	23.30%	103	84.00
西方文化名著选读	7.77%	23.30%	65.05%	3.88%	103	80.06
英语文本中的中国	6.80%	30.10%	47.57%	15.53%	103	80.44

的学生人数扩大到67人，90分以上的降至4人，70~80分的人数保持在24人，但70分以下的人数扩大到8人，整体平均分相比第2学期略有下降，但仍然保持在80.06分。经过最后一个学期的学习，第4学期弘毅学堂学生英语成绩进一步提升，90分以上人数提高到16人，80~90分的人数达到49人，70~80分的人数也提升到31人，整体平均分相比第3学期稍有提升，达到80.44分。

从以上分析可以看出，武汉大学拔尖创新人才英语教学取得良好成效，所开设四门课程平均成绩均达到80分以上，成绩优良率(80分以上)均达到60%以上，学生成绩相比入校英语水平测试大幅提升。以上数据表明经过高级英语(1)和高级英语(2)课程的学习，学生能够具有较强的听力理解能力、口语表达能力、阅读理解能力和书面表达能力，能够熟练应用英语进行表达、交流与写作，具有较强的英语应用能力。同时表明，经过西方文化名著选读和英语文本中的中国课程的培养与训练，学生能够形成跨文化交流的能力和素养，但是学生从具有较强英语应用能力发展到具有跨文化交流能力有一个过渡过程，需要1~2个学期有针对性的训练培养。

四、武汉大学拔尖创新人才英语教学的总结与展望

为进一步提升武汉大学拔尖创新人才英语教学质量，弘毅学堂英语教学团队全体成员及2016级全体同学在所有课程结束后对整个英语教学过程进行了总结与展望。

在总结中，正面的反馈意见主要集中在两个方面，一是认为教师上课认真负责、充满热情，注重与学生交流，师生互动良好，亲和力强，无论课上还是网络上，学生提出的问题，老师都能及时解答。二是认为小班教学效果好，课堂内容丰富，趣味性强，老师语言幽默而且有活力，课堂讲解细致，学生能在老师的引导下逐渐克服紧张情绪，积极参与课堂活动，并注重培养学生读写译能力，特别是口语方面的演练，课堂上提供了小组讨论、翻译、辩论、个人陈述、写作等练习，并且单独批阅作文，可以充分挖掘学生的潜能。

但是依然有不足之处需要继续改进，一是教师反馈由于班级学生英语水平存在差异，学生对课文讲解程度有分歧，部分学生认为课文讲解偏少，部分学生则建议多进行口语互动教学，给大家更多口语展示的机会。二是认为课程选取的文章虽然经典，但是相对比较老旧，没有贴近当下生活，建议补充或更换一些当代经典文章。三是普遍认为专业学习任务重，课后用于英语学习的时间不足，希望能够适度减少第一学年专业课程压力。

武汉大学拔尖创新人才英语教学改革展现了拔尖创新人才培养课程教学改革的一种新模式，这种新模式在实践中取得了良好成效与积极反馈，但是尚不完美，需要在拔尖创新人才培养机制改革中继续探索和总结完善。

◎ 参考文献

[1] 吴爱华，侯永峰，陈精锋，等．深入实施“拔尖计划”探索拔尖创新人才培养机制[J]．中国大学教学，2014(3)：76-80.

[2] 陆一，史静寰．拔尖创新人才培养中影响学术志趣的教育因素探析——以清华大学生命科学专业本科生为例[J]．教育研究，2015(5)：38-47.

[3] 刘彭芝．关于培养拔尖创新人才的几点思考[J]．教育研究，2010(7)：104-107.

[4] 杨光，翁晓红．拔尖创新人才英语能力培养的机制创新[J]．创新与创业教育，2014(4)：20-22.

·教师与教学改革·

加强化学信息学课程建设培养专业信息素质

张　婷　祁黎明*　王金阳　刘志雯

(中国海洋大学　化学化工学院，山东　青岛　266100)

摘　要：信息化社会中，专业信息素质是衡量大学生综合素质和创新能力的重要指标。化学信息素质的培养，则是化学专业建设的重要内容。文章指出了信息素质教育面临的问题和挑战；阐明了化学专业信息素质培养平台——化学信息学课程建设的现状和存在的问题；提出了将大学生创新创业训练内容与化学信息学建设有机结合的新培养模式，并指出了其在师资素质、教学方式、教学内容等方面的要求，以期实现信息素质的培养和创新能力的提高。

关键词：专业信息素质；化学信息学；创新创业教育；创新能力

Strengthen the Construction of Chemical Informatics Courses to Cultivate Professional Information Quality

Zhang Ting, Qi Liming, Wang Jinyang, Liu Zhiwen

(School of Chemistry and Chemical Engineering, Ocean University of China, Qingdao, Shandong, 266100)

Abstract: Professional information literacy is a significant criterion to evaluate the comprehensive quality and innovation ability of undergraduate students in the information society. The cultivation of chemical information quality is an important content of chemical specialty construction. This paper points out the problems and challenges of education information quality, illustrates the present situation and existing problems of the chemical professional information literacy training platform - the construction of chemical informatics curriculum, and proposes a new training mode that is to combine the students' innovative entrepreneurial training content with chemoinformatics construction. Also, the paper presents the requirements of teacher quality, teaching methods, and teaching content, in order to realize the cultivation of information literacy and the improvement of innovation ability.

Key words: Professional information literacy; Chemoinformatics; Innovation and entrepreneurship education; Innovation ability

信息化是全球经济和科技发展的大趋势，也是推动经济发展、社会进步和科技创新的重要力量。信息化正是基于信息技术，全面开发利用信息资源，促进信息交流和知识共享，提高科研效率，推动经济

收稿日期：2018-09-15

基金项目：中央高校基本科研业务费专项(No：201713030)，国家博士后科学基金项目(No：2015M582134)，国家自然科学基金项目(No：41406105)。

作者简介：张婷(1985—　)，女，讲师，博士，主要从事化学信息学教学与课程建设。*通讯作者祁黎明，邮箱：liming_qi@hotmail.com。

社会转型升级。专业信息素质的培养也成为化学学科建设的重要内容，专业信息素质也是衡量化学专业学生综合素质和创新能力的一项重要指标。化学信息学课程建设是实施专业信息素质培养的重要平台。基于目前的课程特点、专业特色和社会需求，尤其是实践型创新能力的培养要求，有针对性和远瞻性的课程教改将更好地完成专业信息素质的培养任务。

1. 信息素质教育的背景和窘境

美国教育技术 CEO 论坛 2001 年第 4 季度报告中提出信息素质是 21 世纪能力素质的重要方面，信息素质的本质特征就是以科学精神为核心的信息意识和以创新思维为核心的信息能力[1]。

随着经济全球化，信息网络化，社会知识化的发展，为培养适应时代发展要求的人才，信息素质教育应运而生。1999 年 6 月，党中央、国务院发布《关于深化教育改革全面推进素质教育的决定》，明确了信息素质教育在素质教育中的核心地位[2]。

在信息化时代，提高信息意识，培养信息素质，是增强社会竞争力和生产力的关键因素。近年来经过探索与实践，虽然我国各高校在信息素质教育方面取得了一定的成果，但是信息素质教育的现状仍然不容乐观，主要体现在以下方面：一是学生信息意识淡薄，对信息素质培养没有足够重视；二是信息素质教育以理论讲授为主，实践环节弱化；三是课程内容陈旧，与信息知识和技术更新速度不同步；四是信息素质教育与专业学科建设脱节。信息素质教育也不是简单的信息基础教育，而是有针对性地将信息素质教育与专业教育相融合，将先进的信息技术应用于专业研究中，进而推动科技进步和创新，助力社会经济发展。

2. 化学信息学的起源和发展

化学信息学的概念是 1987 年由诺贝尔化学奖获得者法国化学家 J. M Jehn 在获奖报告中首次提出的[3]。随着信息化发展和科技进步，化学信息数量与日俱增、形式与传递方式多样化，如何解决迅速扩展的化学信息与有限的学习时间和研究精力之间的矛盾成为科研过程中的新挑战，为此我们必须借助计算机和网络技术，对海量的相关信息进行分析处理以达到产生和处理的相对平衡。人们逐渐认识到对化学信息的收集、处理、管理和利用对现代化学的重要性，“化学信息学”这一概念也随之被广泛接受。

化学信息学，作为近年来发展起来的与信息科学、计算机科学的交叉新学科，主要是利用计算机和计算机网络技术，对化学信息进行表示、管理、分析、模拟和传播，以实现化学信息的提取、转化与共享，揭示化学信息的内在实质与内在联系，促进化学学科的知识创新[4]。简而言之，化学信息学就是应用信息学方法解决化学问题的学科。

化学信息学的发展除了推动了传统的化学教育模式的改革，也加快了在化学信息学与其他学科交叉领域的相关科研工作的进程。我国科技部 973 计划首批实施的项目“重要疾病创新药物先导结构的发现和优化”就是一个将化学信息学与药物化学相结合，进行药物分子设计的典型案例，并取得了突破性成果。

3. 化学信息学课程建设现状

化学信息学作为一个新兴的交叉学科，国内外许多高校在探索将其系统地融入化学教学课程中。2003 年德国 Johann Gasteiger 出版的 *Chemoinformatics A Textbook* 一书系统、全面地阐述了化学信息学的各个研究领域及其研究现状和今后的发展动向[5]。美国、澳大利亚、欧洲等一些大学也纷纷开设了知识覆盖面广、内容交叉性强的化学信息学课程，课程内容除了包含化学信息检索的基本理论和应用、专业化学知识外，还包括数据库设计、程序的编写、分子模拟等内容。国外多数高校将化学信息学视为计算机科学、化学计算和数据分析等领域的一个专业方向，很多研究、开发化学信息的科研机构也相继产生、发展和壮大。

相比于国外，我国的化学信息学课程建设相对起步较晚。20 世纪 80 年代，中国教育部理科化学教学指导委员会将化学信息学作为高等学校化学和应用化学专业的基本教学内容列入人才培养计划中[2]，北京大学、复旦大学、南京大学及中国科技大学等国内知名高校已陆续开设化学信息学并编著了相关教材，近些年甚至部分高中也在尝试在化学教育中增加化学信息学相关知识。

关于化学信息学的课程设置，在教学内容方面，主要包含：(1)化学信息学的产生背景、发展现状及趋势；(2)科技文献及检索概论；(3)化学知识体系的计算机表示、管理与网络传输；(4)化学信息的解析与处理；(5)化学知识的计算机推演；(6)文献管理与科技论文写作等。学时上，常见的有 32、48、64 等几种常见学时设置。教学方式包括理论讲授与板书、多媒体教学、上机实操和课程作业等。考核方式也分为理论笔试、实操考试、课程论文等。不同的学校在课程设置上，根据具体情况结合学科特色，在上述方面各有自己的体系和特色，但课程开设目的都是提高获取、处理与利用信息的能力，培养信息意识，提高信息素质。

信息素质培养主要由信息意识教育、信息能力教育和信息道德教育构成。在我国高等化学专业教育中，化学信息学课程是信息素质教育的主要平台和工具。化学信息学课程需完成以下三个目标：第一，培养对化学信息的需求意识和正确认识；第二，具备关于化学信息应用的知识与能力，包括化学信息查询获取、组织加工、综合分析和评估、有效利用；第三，遵守和维护在化学信息采集、加工、存储、传播和利用等环节中的道德规范和道德行为。

围绕上述目标，化学信息学课程建设已成为教学改革的主要内容之一。1999 年召开的“理科化学学科教学指导委员会会议”分析了当前教学改革的形势和存在的主要问题，认为实验教学改革、化学信息学课程建设及教学方式现代化等方面是当前迫切需要解决的问题，并将此作为“21 世纪初高等教育改革项目”申报[2]。但目前的化学信息学教学中，主要存在如下问题：(1)教学及考核模式单一，学生积极性差。本门课程的理论知识较为枯燥，知识点零散，教师多采用讲授与上机实践相结合的教学模式，但是以讲授为主，难以调动学生积极性，学生学习兴趣不高。(2)课程设置时间相对滞后。本门课程多数学校作为大三学生的专业选修课设置，而其他课程论文撰写及科研活动先于本课程学习，导致教学效率较低。(3)实践内容和形式无法满足教学要求。目前课程实践内容死板单一，学生为完成实践而进行实践。教师讲授的知识无法内化为学生的能力，学生被动学习，难以将学习的理论与日常的其他课程学习或者科研活动有机结合在一起，达不到学以致用的教学要求。

《教育信息化十年发展规划(2011—2020 年)》指出，要在信息技术与教育深度融合的基础上，建立新型信息化教学平台，优化教育模式，推动教育改革[7]。化学信息学作为一门新的课程，围绕信息素质的培养其课程要求、内容、教学方式和教材等都是未来课程建设的一项新任务，还有待在实践中不断改进和提高。

4. 推进化学信息学教学模式改革，加强专业信息素质培养

我国《教育信息化“十三五”规划(2016—2020)》提出深入推进大众创业和万众创新的理念，创新已成为全社会的首要任务。而作为社会创新主体的大学生，其创新能力的培养对于整个社会的发展至关重要[8]。科技创新必须以扎实的专业知识为基础，以宽广的知识体系做后盾，以浓厚的兴趣爱好、良好的实践能力为保证。

2012年教育部决定在“十二五”期间实施国家级大学生创新训练计划(简称“创新计划”)，直接面向本科生设立项目，要求学生自主开展科学研究，形成具有创新性的科技产品或者研究报告，进行创新意识和实践能力的培养，进一步提高大学生的综合素质[9-11]。创新计划是一个系统工程，可促进教学模式和人才培养模式的改革，有利于培养出创新型的高素质人才。信息素质是人才综合素质的重要指标，也是创新计划实施的重要内容之一。

化学信息学是一门实践性课程，除了讲授化学信息学的理论知识外，更应该让学生具备信息资源检索、整合、管理和评价的能力，创新项目的实施更是要求学生将学到的理论、方法和技巧依托一个研究项目实施，进而提高信息素质，培养科学素养。因而，我们可以将化学信息学的课程实践环节与学生的创新项目申报实施结合在一起，要求学生运用化学信息学讲授的理论知识对拟申报课题的研究背景和现状进行信息检索和查新，以获取较为全面前沿的文献资料，进而设定研究路线和实验方案，辅助学生进行各级创新项目的申报。这种以课题项目申报为导向的实践方式，可以较好地将理论应用于实践，培养学生的信息意识和专业知识的应用能力，同时让学生变被动学习为主动求知，激发其对科研的热情和积极性。在创新项目的实践过程中，不断去感知新的信息需求，主动获取信息、管理信息、提取有用信息，同时项目实施过程中还需要应用课程中的相关数据处理和分析的方法对信息进行消化，并完善和深化化学信息学课程知识体系，最终以标准化的科技论文撰写方式将项目实践成果形成研究报告、科技论文等文字资料，引导学生形成高水平项目成果。

新模式下的化学信息学课程，使学生经过了课堂理论知识的学习和实践项目的锻炼，经历了选题立项、文献搜集、可行性论证、研究方案制订、实验过程、数据处理和结论形成的完整过程，深化了学生对科学研究的认识和理解。学生亲自参与整个项目的立项、实施和结题的全过程，即是掌握信息的获取、处理和应用的方法，并在信息使用过程中遵守相应的道德规范，提高信息素质和创新能力，为今后的科研工作奠定了坚实的基础。

5. 化学专业信息素质培养的新要求和前景

将化学信息学课程与各级创新项目的实施有机结合起来，是提高大学生信息素质的有效途径，是符合社会发展对高素质人才需求的，既可以弥补各自的不足，又可以对大学生创新能力的提升起到很好的推动作用。

但与此同时，也对我们的教师在自身教学素养、知识水平和科研技能方面提出了更高的要求。第一，教师需要由单纯的知识传授者，变为知识的组织者、指导者和促进者，改变学生固有看法，了解其认知需求，为其提供更多的个性化发展空间，为促进学生的知识建构创设学习环境，知识的体系性则可相对弱化；第二，建立学生成为课堂主体的教学关系，可以让学生来讲给学生听，将被动的“听”变成主动的“讲”，课堂气氛轻松活跃，但这对教师组织教学提出了更高的要求，需要其在有限的课堂时间内既完成教学大纲要求的知识的讲授又兼顾学生侧重点的讲解；第三，学生对空洞乏味的理论知识有倦怠情绪，而对化学发展前沿和生活中的化学科学问题更感兴趣，因此，需要在教学内容上进行创新，授课教师可以在完成课程整体知识框架的介绍和重要理论及知识点的讲解后，以自己的科研方向中较新的成果或者具有现实性的课题为素材进行讲解，以使其体会到学以致用，用以促学，提高学习积极性；第四，长期的教学实践告诉我们，学生的水平参差不齐，兴趣和思维方式各异，难以采取统一的教学模式获取较好的教学效果，因而需要根据学生个体情况差异，区别对待，这就要求授课教师在课堂以外的时间与学生多了解和沟通，发展创新思维，有的放矢；第五，教学与科研、理论与实践的结合，要充分突出和发挥教师的指导作用，从理论知识的传授，到科研思维的建立，乃至实验技能的培训，甚至文献信息的筛选都需要教师耐心地指导，同时需要教师注重从课堂的专业知识到应用实践的链接，鼓励积极思考，主动解决问题。

信息素质培养的方式多种多样，课程学习和实践训练只是信息素质培养的两种简单方式，在课堂教学中，我们期望教给学生的不仅仅是知识点本身，而是学习的方法和途径，实践训练中培养的是信息素质，提高的是创新能力。要将外在的知识和实践内化为素质和能力，掌握国际前沿的研究热点和难点，对获取的信息进行分类、筛选、甄别，正确认识课题的研究现状，在前人工作的基础上形成自己的观点和认识，指导未来的科研实践活动，进而推动科技进步和社会发展。

◎ 参考文献

[1] 杨学山．信息化是现代化建设全局性的战略举措——解读《2006—2020年国家信息化发展战略》[J]．世界标准信息，2006(9)：58-60.

[2] 高盘良，姚天扬．当前化学教学改革若干问题的意见[J]．大学化学，2000(2)：26-27，39.

[3] 宋心琦．21世纪理论化学的重要课题之我见[J]．大学化学，1999(1)：16-20.

[4] 邵学广，蔡文生．化学信息学及其课程建设[J]．大学化学，2002(3)：12-15.

[5] 杜淼，侯丽杰，仵博万，等．化学信息学课程教学模式的改革[J]．广东化工，2016(7)：225-226.

[6] 解征．化学信息学的研究进展[J]．安徽化工，2008(1)：21-23.

[7] 琚海燕，李明，彭俊军，等．化学信息学课程内涵及其教学效能的提升对策[J]．广州化工，2015(17)：208-209，238.

[8] 任友群，郑旭东，吴旻瑜．深度推进信息技术与教育的融合创新——《教育信息化“十三五”规划》(2016)解读[J]．现代远程教育研究，2016(5)：3-9.

[9] 张艳，马毅．基于国家级大学生创新训练计划项目提高大学生综合能力的实践探索[J]．教育观察(上旬刊)，2015(1)：34-35.

[10] 柏东升，王广健．基于“国家级大学生创新训练计划项目”化学实验课程体系的探索[J]．科技视界，2014(33)：37，39.

[11] 王海良，任权昌，喻洋，等．“国家级大学生创新创业训练计划项目”实施体会及感想[J]．中国电力教育，2013(25)：216-217.

·教师与教学改革·

武汉大学医学博士生英语教学改革的探索与实践

张百芳[1]　周海兵[2]　明　蕾[3]　等

(1 武汉大学　基础医学院；2 武汉大学　药学院；3 武汉大学　第一临床学院；湖北　武汉　430072)

摘　要：结合武汉大学医学院博士研究生英语课程的教学实践，探索如何迅速有效地提升医学博士研究生的综合英语水平。培养具有全面的、高质量英语水准的医学博士科研人才的关键就在于突破以往传统的教学模式，紧密结合医学博士生的专业特点，以医学专业英语为主线，通过灵活多变的课程设置，教师教授、学生查阅研读、英文综述撰写、全英文口头报告、小组英文讨论等多种形式，全面有效地将听、说、读、写四个方面结合起来，增加学生对博士英语课程学习的主动性、积极性和有效性。

关键词：医学；博士研究生；教学改革

Exploration and Practice of English Teaching Reform for Medical Doctoral Candidate in Wuhan University

Zhang Baifang[1], Zhou Haibing[2], Ming Lei[3], et al.

(1. School of Basic Medical Sciences, Wuhan University, Wuhan, Hubei, 430071;

2. School of Pharmaceutical Sciences, Wuhan University, Wuhan, Hubei, 430071;

3. First Clinical School, Wuhan University, Wuhan, Hubei, 430071)

Abstract: Combined with the teaching practice of English courses for doctoral students in Wuhan University School of medicine, this paper explores how to improve the comprehensive English level of medical doctoral students rapidly and effectively. The key to training medical doctoral candidate with comprehensive and high quality English level is to break through the traditional teaching mode and to combine closely with the professional characteristics of medical doctoral student. Using medical English as the main line, through the flexible curriculum, teachers' lectures, students' reading papers, writing reviews, oral English review presentation, group discussion in English and other forms, we can fully and effectively combine listening, speaking, reading and writing together to increase the students' initiative, enthusiasm, and effectiveness in the doctoral English courses.

Key words: Medical science; Doctoral candidate; Educational reform

---

收稿日期：2018-07-22

作者简介：张百芳(1974—　)，女，博士，武汉大学医学院副教授、博士生导师。主要研究方向：细胞信号传导和糖尿病肾病的分子机制。

随着我国医学科学的迅速发展，医学科研人员作为医学科研领域的有力推动者，在进行国际交流和合作方面的需求显得越来越迫切。这就要求医学博士研究生能够娴熟自如地运用英文来进行学术交流，该能力也是打开国际科研交流合作的“敲门砖”。然而，一直以来由于我国高等院校研究生英语教学存在诸多问题，特别是对博士英语课程目标设置不清晰，很多院校还依然将重心放在教授公共英语之上，而所设置的医学博士英语课程内容与医学专业内容毫不相干，教学内容与医学相关知识也严重脱节。一方面缺乏与时俱进性，使博士研究生无法紧跟国际上的科研动态和最新进展；另一方面，教授方式仍然采用传统的、单一的以传授语言知识为主，而忽略了最重要的英语语言运用技能的培养[1]。因此，急需探索出一个适合于医学博士研究生特点的英语教学模式，满足我国现阶段合格医学博士人才培养的需要。

一、医学博士研究生英语教学的现状分析

1. 教学定位偏差，缺乏主观能动性

1987年我国开始推行的大学英语四、六级考试，无疑成为推动大学英语教学的有力保证[2]。随着我国博士研究生进行国际合作和交流日益频繁，拥有扎实的、综合全面的专业英文水平成为引领科研发展的基石。然而，医学博士生英语虽被列为一项必修课，但很多院校依然采用传统的教学模式，即“老师在台上讲，学生在台下听”的被动式教学方式，博士研究生从中汲取到知识精髓的效果甚微。博士生英语专业教学不受重视，导致“学历越来越高，英语水平却越来越差”的现象。

2. 课程目标不明确，缺乏针对性

当前，很多国内高等院校的医学院博士生英语课程的目标设置存在着一些争议和弊端，相当一部分院校还依然将重心放在教授公共英语之上，这样就导致了所设置的英语课程内容与医学专业内容毫不相干，教学内容与医学相关知识也严重脱节。

3. 高质量师资匮乏

优秀的师资队伍是一个学校拥有较强竞争力的重要体现，也是科研力量上的主力军。一方面，时代要求他们必须拥有深厚的英文功底，以便于展开国际交流和合作；另一方面竞争日益激烈的时代对他们的专业能力也提出了更高层次的要求。但在当前，我国从事医学领域博士英语课程教学的老师主要分为两种[3]：一种为英语专业毕业的老师；另一种则为医学专业毕业的科研工作者。前者对于英语本身知识的掌握虽然丰富，基本功也深厚，但却缺乏医学的相关知识背景，因此在授课过程中，往往只注重语言的语法结构等知识点的讲解，而回避了对医学相关知识的传授和解释；后者虽拥有雄厚的医学相关背景知识，能够将专业领域的精髓有效地传递给博士研究生，但在语言的表达、发音和运用上不一定十分准确和规范，因此，上述两类老师都不能够完全胜任博士研究生专业英语的教学，极大地影响了博士研究生在学习英语时的积极性和主观能动性。

4. 教学方法单一，缺乏互动性

国内诸多医学院博士研究生英语课程的教学模式主要还是采用以“传统的课堂讲授”的方式和以“老师为中心”的分析式被动教学为主，从而缺乏授课老师与台下学生的自主互动，仍然采用延续至今的“灌输式”的教学方式居多。虽然在讲授过程中，也运用了幻灯片等多媒体手段，但却忽略了对英语“听、说、

读、写”全方位能力的培养[4]。有文章调查显示，相当一部分的博士研究生极力提倡“面对面互动式”的教学方式，他们迫切地希望老师们能给予自己充分展示语言表达的机会和锻炼的平台，同时也希望能够得到老师们的悉心点评和有针对性的指导，希望在一次次的反复实践和练习当中，最终实现从“开口讲”到“乐于讲”的突破性转变，为今后能够在国际交流平台上有出色的表现打下坚实的基础[5]。

5. 教学评价体系不合理，缺乏可行性

合理的、科学的教学评价体系，不仅是医学英语教学质量的有力保证，而且对提高学生的积极性也起到了推波助澜的作用。我国一向推崇的“书面答卷”的考核形式，并不能够完全体现博士研究生的真正英语水平。因为英语能力的强弱主要通过对英语本身的应用能力来体现，尤其是口头表达和书面撰写能力，仅仅通过给“一张试卷”打分来说明问题达不到考核语言应用能力的目的。

二、医学博士研究生英语课程教学改革的策略

1. 明确医学博士研究生英语教学目标，重视医学英语教学

医学博士研究生英语教学的目标就在于紧密结合医学博士研究生的专业特点，通过讲授生物医学领域最新英文文献、研究进展，分析实验数据、教会学生如何读懂并提炼研究精髓，为学生自主查阅和研读英文文献、促进其学位论文的研究工作打下基础。当今，诸多医学领域研究的最新动态和科研成果都发表在世界顶级权威期刊上，或者是在国际会议上进行交流，因此，博士研究生作为引领中国科研领域未来发展的带头人，应当具备熟练运用英文来为自己的科研事业服务的能力，使自己尽快地融入国际科研氛围。例如，武汉大学基础医学院博士研究生答辩资格申请的要求是至少发表一篇三区以上的SCI论文，这就对博士研究生的英语综合水平提出了挑战。因此，针对博士研究生教学，我们专程邀请国外顶级杂志期刊主编详细解析SCI论文的撰写、写作技巧、如何选择专业相关的杂志投稿、稿件修回之后与编辑的沟通技巧等，使学生掌握自主撰写和发表SCI论文的全过程，让博士研究生对国际学术论文有近距离的接触和了解。除此之外，学生在任课老师提供的科研文献和研究主题范围内，结合各自专业领域研究课题的要求，自主查阅和研读英文文献，撰写英文研究进展，并在分组讨论会上用英文作研究进展报告，任课教师现场提问。上述课程安排几乎涵盖了英文“听、说、读、写”的方方面面，极大地调动了学生学习英文的积极性，激发了学生的兴趣，我们深知，学习医学英语的目的不仅仅是背下几个单词、记住几个语法，而更重要的是培养博士研究生的专业英语综合水平以及国际交流能力。

2. 引进优秀的师资力量，紧跟科研发展的潮流

根据武汉大学博士研究生英语课程改革的精神，在研究生院以及医学部分管领导的高度重视和组织下，医学部遴选了具有2年以上海外留学研究经历同时又有丰富教学经验的优秀教师，组建了医学部博士研究生英语课程教学组，其中包括来自基础医学院、第一临床学院、药学院、公共卫生学院的17位教师，这些导师不仅在科研水平上具有较高的造诣，同时也基本在英语听说读写方面达到精通的水准。任课教师根据不同学科分组选择研究文献和参考资料，博士研究生可结合自身科研课题的研究方向和自己的兴趣关注点来自主选择导师分组，一般每组为25人左右，将人数众多的医学博士研究生分散，形成“小班式”的教学模式。老师会运用多媒体对所选择的部分文献进行详细解析并在课堂尾声对文献内容进行提问，与台下的学生形成互动，这些文献和参考资料大多是近年来发表过的高水平研究成果，紧紧抓住科

研领域最新动态，避免讲授内容过时陈旧，迎合了医学科研领域与时俱进、更新换代快等特点。

3. 教学形式多样化，避免单一乏味

课程设置分别由5位教师选择生物医学研究领域不同主题的研究文献，讲授如何分析研究数据、解析研究论文的写作思路，教会学生如何读懂并提炼研究精髓，为学生自主查阅和研读英文文献、促进学位论文的研究工作打下基础；再由3名教师，以及1位国外顶尖杂志期刊主编，教会学生如何自主撰写和发表SCI论文的整个过程。学生在任课老师提供的文献(10篇以上)和研究主题范围内，结合各自专业领域的课题要求，自主查阅和研读英文文献(20篇以上)，用英文撰写研究进展，并在分组讨论会上每人用英文作15~20分钟的研究进展报告，每组2位任课教师和1位特邀评委教师现场提问和评分。鼓励小组组员积极提问并参与讨论，任课教师对撰写的英文研究进展(review)和口头报告(oral presentation)进行评分，这从根本上改变了以“教师为中心”的教学模式，形成以“学生为主体”的新局面。上述课程设置将课堂学习与课外自主学习相结合，语言学习与医学专业知识相结合，增加学生与医学专业英语的接触机会，给予学生充分展示自我的平台，极大地增加了学生的主观能动性和积极性。

4. 建立完善合理的考核体系，科学评判学生英语水平

医学博士生英语的考试形式和课程评分标准主要分为三个部分：①研究进展综述(用英文撰写)占40%；②英文口头研究汇报(英文PPT)占40%；③考勤占20%。博士研究生英语课程考核的重点应当是博士研究生对英文的掌握和运用能力，尤其是涉及听、说、写三个方面，其考核的方式也应当是写作和口试相结合，以达到全方位培养的效果；考勤部分则需要学生们积极参与到博士研究生英语课程的互动教学当中，使他们在浓厚的英文教学氛围里，找到学习英语的奥妙和乐趣。经过医学博士研究生英语教学组全体教师多次在教学会议上反复讨论，教学方案和课程考核体系确定以考察学生的英文论文写作、全英文口头汇报来进行最终成绩评定，另外考勤也是考核的重要方面。

三、结语

从武汉大学研究生院组织的不记名课程评价调查表上反馈的信息和评价的情况来看，学生对我们新开设的医学博士研究生英语课程是高度认可的，认为改革后的课程跟专业结合得更紧密，更具有针对性，能够在很大程度上帮助他们分析文献数据、解析写作思路，特别是对设置SCI论文的撰写、投稿及与编辑沟通技巧的课程安排给予高度赞誉。他们对于小班讨论课的形式也非常赞同，认为不仅锻炼了自己的英文写作能力，而且有机会第一次用英文汇报专业文献，虽然紧张但很兴奋，也特别锻炼了英文口头表达能力，学生们普遍希望增加讨论课的时间和次数。

当然，这只是医学博士研究生英语课程改革的一次有益尝试，难免还存在一些问题和需要完善的方面。例如，由于医学部博士生人数众多，英语基础水平参差不齐，各个专业领域不同研究方向各异，这些都要求我们需要进行更加有针对性和差异化的教学。而目前教学组的教师主要来自基础医学院，但是临床医学的博士研究生占比更大，学生们希望更多从事临床医学的教师跟他们进行学术交流和讨论。鉴于课程学时数的限制，有一些专业和前沿进展我们无法做到面面俱到，与此同时有些学生的专业背景和专业英语听说能力和水平有限，无法充分理解课堂讲授的内容。关于讨论课的分组，有学生认为应该按专业分组，讨论课主题也应该按领域甚至专业分组。另外，有个别学生的英文综述写作抄袭严重，需要小组老师仔细甄别，或者下载软件进行查重，等等。总之，我们将认真总结医学博士研究生英语课程改

革探索与实践过程中的教学经验，在未来的教学中不断解决出现的问题和完善教学细节，努力使医学博士研究生英语课程越开越好，成为提升医学博士研究生整体科研水平的一个良好开端。

（本文作者：张百芳[1] 周海兵[2] 明 蕾[3] 李 枫[1] 袁占鹏[4] 梁晓晖[4] 彭碧文[1] 周 蕊[1] 熊海蓉[1] 孙宇辉[2] 潘 勤[1] 何春江[1] 范成鹏[1] 汪 敏[1] 何春燕[1] 李 晖[1#]）

（1 武汉大学 基础医学院；2 武汉大学 药学院；3 武汉大学 第一临床学院；4 武汉大学 公共卫生学院；# 通讯作者；湖北 武汉 430072）

◎ 参考文献

[1] 郑芳芳．博士生英语教学现状分析及课程改革设想[J]．中国科教创新导刊，2010(23)：72.

[2] 郭书法．制约医学院校专业英语教学的因素及对策[J]．教育探索，2009(10)：70-71.

[3] 刘彦娟．医学英语教学改革背景下的创新型人才培养[J]．西北医学教育，2012，20(6)：1220-1223.

[4] 史涛，石海滨，刘新荣．形成性评估在研究生教学中的应用[J]．长春理工大学学报，2010(7)：162 -163.

[5] 李丽剑，祖雅琼，马骏，等．医学博士研究生英语学习需求初探[J]．中国高等医学教育，2011(9)：122-123.

·教师与教学改革·

高校文科专业技术类课程教学改革探索

——以传播学专业媒介技术类课程教学平台构建为例

王朝阳　刘丽群　洪杰文　何明贵

(武汉大学　新闻与传播学院，湖北　武汉　430072)

摘　要：技术的发展改变了文科教学和科研的格局。如何做到“文理融合”，培养具有跨学科视野，能够合理有效利用技术的复合型人才是本科教学改革的一个方向。本研究以武汉大学教学改革建设项目“传播学专业媒介技术类课程教学平台建设”为具体案例，基于“知识型员工”和“用户体验”相关理论，提出“融合+快乐”的媒介技术类课程教学改革模式。本研究认为通过课程融合、技术融合的方式，建立“创新、合作、快乐”的人才队伍，形成技术理念是文科专业实现“文理融合”的一种方法。同时，指出了现阶段技术类课程教学改革的问题并给出了相关建议。

关键词：文科专业；文理融合；知识型员工；用户体验

Exploration on Teaching Reform of Technology Courses of Arts Major in College

—Take the Construction of Teaching Platform of Media Technology Courses of Communication Major as an Example

Wang Chaoyang, Liu Liqun, Hong Jiewen, He Minggui

(School of Journalism and Communication, Wuhan University, Wuhan, Hubei, 430072)

Abstract: The development of the technology changed the teaching and research pattern of arts. How to do amalgamation of arts and science, and to cultivate inter-disciplinary talents who have an interdisciplinary field of vision and can use technology reasonably and effectively is one of the undergraduate teaching reform direction. This study takes the construction of teaching platform of media technology courses of communication major for the specific case, which is one of teaching reform project in Wuhan University. Based on related theories of Knowledge Worker and User Experience, we put forward the teaching reform mode of Fusion & Happy media

---

收稿日期：2018-08-24

基金项目：本文是武汉大学教学改革建设项目“传播学专业媒介技术类课程教学平台建设”的研究成果(项目编号：2015JG06)。

作者简介：王朝阳(1975—　)，男，浙江江山人，武汉大学新闻与传播学院网络传播系副教授，博士，硕士生导师，武汉大学媒体发展研究中心研究员，湖北省网络文化协会会员，湖南省岳阳市岳阳日报传媒集团首席专家(挂职)。主要研究方向：网络传播理论与实务、数字媒介技术、交互设计。刘丽群(1961—　)，女，广西南宁人，武汉大学新闻与传播学院网络传播系教授，博士，博士生导师，武汉大学媒体发展研究中心研究员。主要研究方向：数字媒介、新媒介发展研究等。洪杰文(1971—　)，男，湖北黄冈人，武汉大学新闻与传播学院网络传播系副教授，博士，硕士生导师，武汉大学媒体发展研究中心研究员。主要研究方向：网络传播理论与实务、信息计量学、信息社会学等。何明贵(1976—　)，男，重庆万州人，武汉大学新闻传播学实验教学示范中心讲师，博士。主要研究方向：数字媒介技术、数据处理及应用等。

technology curriculum. The study considers that the establishment of innovative, cooperative and happy talent team through curriculum integration and technology integration is a way to realize the amalgamation of arts and science of arts majors. At the same time, the study points out the problems in the current teaching reform of technology courses and gives some suggestions.
Key words: Arts majors; Amalgamation of arts and science; Knowledge worker; User experience

随着计算机技术、网络技术的快速发展，在人文社科研究领域，数字人文(digital humanities)的概念被越来越多地提及，并已经成为一个相对独立的学科[1]，其研究范围涵盖了传统人文学科研究方法和数字化数据资源，以及在人文学科研究中系统地融入信息处理技术[2]。在文科科研活动中，量化研究及对信息技术的运用与依赖所占比重逐渐增大，各种技术沙龙在国内各大高校文科学院蔓延开来。而在文科教学环节中，信息技术的运用越发受到关注，课程、思维及方法的调整，正促成"文理融合"局面的形成。

我国的新闻传播学科，其学科背景是文学学科及相关专业，因此在早期的课程设置上也承接了文学相关学科的课程体系，过分强调纸媒时代的新闻文字写作。而随着信息技术的快速发展和整个传媒生态的改变，对其他信息传播能力的培养成为趋势。全媒体应用型人才的培养中，一是需要学科交叉，需要新闻传播学与社会学、心理学、计算机学科、统计学甚至高等数学等学科的交叉。[3]从武汉大学新闻传播学类最新的本科生培养方案来看，新闻传播大类平台必修课程中有新媒体基础，跨学院必修课中有心理学基础，一般选修课程中有数字传播技术、融媒体技术实践等技术类、跨学科的课程设置，这些课程的设置都是为了满足全媒体传播人才培养的需要。二是需要增强技术实践。文科院校通过建立实验教学中心和新闻传播人才培养相配套，将实践教学，特别是媒介技术类教学置于更为重要的地位是一种增强技术实践的培养方式。2006年，武汉大学新闻传播学实验教学中心经教育部批准为国家级实验教学示范中心，是我国传媒类第一家、文科类第一批国家级实验教学示范中心。该中心提出的"一体两翼"和"大实验观"的人才培养理念[4]正是全媒体人才培养的一种积极实践。

一、传播学媒介技术类课程教学平台构建思路及现状

从万维网到社交媒体，从大数据到人工智能，新媒体技术成为新闻传播学科发展的巨大推动力，媒介技术在新闻传播教学中扮演着重要的角色。针对媒介生态的变化，很多高校新闻传播学专业教学已经由单一媒体实践向跨媒体综合实训转变，力求培养具有全媒体视野的、符合真实媒体需求的复合型人才。传播科技的发展不仅会影响新闻传播学的人才需求，还会对人才培养的方式、方法等产生深刻影响。[5]

2018年1月，教育部发布了《普通高等学校本科专业类教学质量国家标准》。该标准指出，新闻传播学类专业教学培养的学生应具有与新闻传播实践的发展变化相适应的业务动手能力和实践创新能力，具备计算机和现代新媒体技术的应用能力。[6]武汉大学传播学专业创办之初就提出"以新闻学、社会学、信息管理学、计算机科学与技术、通信技术等学科的相关理论和技术为基础，探索数字媒介内容的表达、创意、管理和营销，具有文科、工科相交融和实践能力强的特点"。培养目标也确定为"培养兼具传播学基础知识和数字媒介内容表达、创意、管理和营销实务的高级复合型专门人才"。因此，培养方案的课程设置包含15门数字媒介技术类课程及实验课程。专业发展过程中，媒介技术类课程主讲教师一直在专业培养目标的指引下探讨在文科学院推进技术类课程的教学实施及效果提升的问题，先后开展了多项教学改革研究，如"基于云技术的混合式教学研究"等。

"传播学专业媒介技术类课程教学平台建设"(简称传播学技术教学平台)项目本身是一个实践性很强的课程组建设和媒介技术类课程的融合实验。在对已经毕业的14届传播学专业398名学生所展开的课程教学信息反馈调查中发现，课程体系中部分"专业必修"课程，如"网络视觉传播"、"网页设计与制作"

等，存在“教学分量重，学习难度大，课程内容存在部分交叉”等问题。教学平台建设和推广，对于消除“课程间各自为政”，“学生无序学习”，“学生缺课，缺乏合作”等问题具有一定的积极意义。最终，该研究拟定的目标是“搭一个教学平台，建两支快乐队伍”，即搭建传播学媒体技术应用教学平台，建一支“能文能武”的媒介技术类教学研究团队，建一支“能创新，能合作，且快乐”的传播学学生队伍。目前，传播学技术教学平台已完成构建并已投入使用，有超过 4 个年级，200 多学生借助本平台开展媒介技术课程的学习，并取得了不错的效果评价。

二、“知识型员工”和“用户体验”理念的运用

传播学技术教学平台是一种网络学习(network learning)方式，是在网络环境下，利用网络资源获取知识进行学习，与教师或其他学习者进行网上交流，以及对学习进行评价，并完成学习任务。网络学习突破了时空的限制，网络化学习资源则可以促进自主学习和协作学习，而交互活动作为网络学习手段，对学习者创新能力的培养和高级认知能力的发展发挥着不可低估的作用。网络学习中构建的网络学习系统或学习平台则是必要工具及环境。

传播学技术教学平台基于管理学的“知识型员工(knowledge worker)”和交互设计的“用户体验(user experience)”而构建。

大学本科阶段的教育既要注重学生应用能力，又要注重研究能力的培养，既要为职业输出做准备也可以为学生未来继续深造打下坚实的基础。“知识型员工”概念在 20 世纪 50 年代由彼得·德鲁克(Peter Druke)提出。他认为：“一方面能充分利用现代科学技术知识提高工作的效率，另一方面知识型员工本身具备较强的学习知识和创新知识的能力。”该理论正好能够映射出传播学专业未来的职业前景，知识型员工所必需的脑力劳动、具有学习能力、具有创新性、自主性强及具有较强的流动意愿等特征也是传播学所培养学生的特征，与培养全能型新闻传播人才的目标保持一致。

传播学专业课程教学中，一直强调“产品”意识。在教学过程中，小到教师课程设计、学生课程作业，大到整个专业教学实践都可看做一种“产品”，并强调教学环节对“用户”的关注。“产品+用户”模式明确传媒产品和用户之间的平等交互关系，强调交互过程中产品的有用性和用户体验。

用户体验的理论研究最早出现在 20 世纪 40 年代的人机交互领域，最典型的是以可用性和以用户为中心的两个设计要点[7]。它是在用户使用产品过程中建立起来的感受，包括情感、信仰、喜好、认知印象、生理和心理反应、行为和成就等各个方面，也可分为多个层次，如感观体验、交互体验及情感体验。其中，情感体验是用户心理上的体验，强调心理认可度，是一种内在情感、更进阶的体验，是用户与系统交互过程希望获得的最好的体验效果。设计心理学家唐纳德·A. 诺曼(Donald A. Norman)认为，优秀的设计是设计人员和用户之间的交流，只是这种交流要靠产品来体现，且具有“很浓重的情感成分”。传播学技术教学平台的构建基于上述两个理论，将“自我培养、自我创新”、“情感化设计”等理念作为核心价值。

三、创建“融合+快乐”的教与学模式

在 2018 年的《教学质量国家标准》中，新闻传播学类的培养目标是“坚持马克思主义新闻观，坚持正确政治立场和方向，具有全媒体新闻传播知识和能力的应用型、复合型、创新型人才，以及具有全球视野和跨文化传播能力的国际新闻传播人才[6]”。从这一目标中，可提取的关键词包括全媒体、应用型、复合型、创新型、全球视野及跨文化传播等。为了实现这一目标，教学设计中既要完善教学环节，也要提

升学习环节，做到教和学的有效融合。传播学技术教学平台创建了“融合+快乐”的教与学模式，将课程融合、技术融合贯穿于教学过程和学习过程，实现教师和学生平等对话，实现快乐教学和快乐学习，积极激发教师和学生的自主性和创造性。

1. 教学环节的“融合”

传播学技术教学平台较好地解决了目前媒介技术类课程间相互独立，走“平行线”的问题，实现了多门课程间的无缝融合。所有技术类课程教学内容处于公开状态，既有利于教师合理安排课程内容，也有助于学生在使用时消除困惑。这种“融合”的实现与团队成员具有的创新意识、技术意识有直接关联，也正好体现出“知识型员工”成长过程需要更为创新的环境。

首先，教学团队具有长期的媒介技术类课程教学经历，积累了大量的经验。团队成员在传播学专业发展成长中一直参与整个专业培养方案的讨论和制订，并担任媒介技术类课程的绝大多数教学工作。在此过程中，他们对专业了解，彼此团结，互相支持，有效消除了课程之间的障碍，为教学环节的“融合”创作了条件。其次，团队具有“创新意识”且拥有良好的教学改革经验。团队成员多为“70后”，具有赴美1年的访学经历，参与一线教学，对本科教学具有“创新意识”，能够将先进的教学理念和方法融入国内的教学之中。团队成员均具有主持教学改革项目的经验，对于合理规划、有效实施教改项目都具有深刻的心得体会，确保了该项目的有序推进。最后，团队具有丰富的“技术融合”实操经验并获得学院支持。团队成员共同承担了多项实战项目，如16个网站建设项目，类型涉及商业网站、政府网站、研究型网站和精品课程网站等。“技术融合”意识和实操经验的获得与学院的政策支持分不开。2011年，武汉大学新闻与传播学院出台了《青年教师培训“双一”计划实施办法》，正式开始实施“双一”计划。该计划明确学院每年拨出专项经费，资助青年教师到国外一流大学进修一年和到新闻媒体挂职锻炼一年。业界锻炼的回馈就是对本科教学改革的思考和实操经验的进一步丰富。

此外，传播学专业学生3年级上学期的媒介技术类课程较为集中，分为两个阶段，前阶段是单一技术课程，后阶段是综合性技术课程。考虑到文学学院学生的技术基础有限及课程之间的有效衔接融合，在技术类课程设计时，已经将单一课程的实践环节部分与综合性技术课程的设计环节保持一致。如Web视觉表达实验课程，课程布置的大量实验作业以小组形式完成，与数字媒介综合实践的形式保持一致，为后6周数字媒介产品的设计节约了时间，也保证了产品设计的连贯性，能够做出更为精致的作品。这样的融合设计有效地解决了学生“东一榔头西一锤子”、作业之间不相关及“疲于奔命”赶作业的状况，不仅加强了学生之间的合作，改善了用户体验，又能够真正体现出整个课程体系中的产品意识。

2. 学习环节的“快乐”

传播学技术教学平台主体为B/S结构的网站系统，能够体现出互联网的特点，打破了时空和地域的限制。该平台较好地解决了实验课素材获取困难问题，为学生提供具体实验指导、资源库、优秀作品展示和部分实验素材下载等。教师在课程教学中为学生设置了相对开放的作业选题列表，借助教学平台，学生可以自主确定选题，完成作业并在规定时间之前提交作业，对于培养学生的独立意识和学习能力有促进作用。

传播学专业培养目标中指出：“本专业学生应具备系统的数字媒介传播理论知识与技能、熟悉数字媒介发展的基本规律和熟练使用数字媒介创意理论和技术、了解网络传播道德与法规，并具有合作和创新精神，从而不仅能服务于新闻与出版机构、网络媒体、政府部门、学校、大型企事业单位等机构，而且具备新媒体创意传播的基本素养。”传播学学生应该是具有合作精神和创新精神，且是“身份复合和能力复合”的人。身份复合是指学生毕业后可能成为简单的信息采集者、新闻把关人或新闻信息提供者、新闻信息解析者、论坛主持人、音视频节目主持人、网络编辑等。能力复合并不是简单的设备叠加，成为“设备超人”，而是要成为“能力超人”，将对设备的运用形成一种能力，做到真正意义上的全媒体。教学平台不仅打通了课程之间“横向”的隔阂，而且很好地衔接了前导课程和后续课程之间“纵向”的脉络，使学生在学习中能够较好地贯通多种技术，形成技术意识，并在独立或团队作品中合理运用这些技术，形成真正的能力，最终形成一种“全媒体的思维方式”。

学生学习自主性的激发和学习能力的培养，除了学生自我意识的“觉醒”外，还需要得到教学组织的激励，而激励所带来的也是快乐。激励(motivating)是指由一种目标或对象所引导、激发和维持的个体活动的内在心理过程或内部动力。[8]。其实质就是通过一定的机制，使个体与组织目标最大限度地达成一致，调动个体的精神动力，让个体更为能动、积极和创造性地工作，最终实现组织目标。现代管理心理学认为，对于知识型员工，他们在获得基本的物质需求之外，更多关注的是更高、更深层次的精神需求，这与良好的用户体验目标是一致的，也是如何激励的出发点。

传播学技术教学平台通过多种方式激励学生参与教学平台建设、作业作品提交及其评价，以此实现作为知识型员工的成长。在新闻传播学教材建设研究中，有研究者提出，一个有效的立体化教材建设团队离不开学院领导的组织协调，较为理想的建设团队包括新闻传播学骨干教师、教辅人员和学生，必要时可让专业公司人员参与其中[9]。学生作为教学环节中必不可少的一个角色，其积极参与到课程建设中来将会有效提升课程内容的针对性，提升学生用户的体验。传播学技术教学平台在不同时期邀约学生加入过程建设，共同讨论平台的建设问题，取得了不错的效果。主要表现在以下几个方面。第一，在建设之前就邀请网络传播专业的研究生参与平台框架的讨论，邀请本科生建言献策，提出他们的功能需求；第二，在平台完成 Beta 版之后，通过作业的形式邀约学生提出平台的问题及修改建议。收集到的建议包括“希望加强师生交流”、“设置作业点评点赞功能”等。根据学生提出的建议和要求，教学平台设置了作业点评功能，教师针对学生的作业给出详细评价，所有学生均可见。学生通过这种方式可以找出作业存在的问题，并可申请重新完成。这一举措使学生的主动性增强；第三，建设照片墙功能，列举了传播学专业所有学生及其他专业选修的学生，增强学生对专业的归属感；第四，为满足学生个性化的需求，教学平台可根据学生不同的色彩喜好，设置登录后教学平台的主色调。这些具体的涉及学生参与性的改变，增强了教学平台的黏性，有效改善了学生作业迟交的“拖延症”问题等，也使学生在使用这一平台时收获了愉悦。

四、问题讨论

传播学技术教学平台是文科专业技术类课程开设和融合的一次探索，该项目开始于 2015 年，目前已经有至少 3 届传播学专业的学生全程参与了该项目的实施过程，取得了一定的效果。在项目推进过程中，我们遇到了一些困难，也有一些思考。

1. 文科专业技术类课程开设的可能性

在传播学技术教学平台项目实施过程中，多位老师的工科技术背景，使得项目的推进基本没有遇到太大的技术阻碍。但目前文科学院中的文科专业在教师配备上还基本不能达到这一要求，拥有信息技术能力的教师很少或者几乎没有。那么，如何来解决这一问题呢？本文认为，可以从以下几个方面进行尝试。

(1)建立跨学科的教学团队

本科教学工作决不能是“一个人在战斗”，应该形成多种形式的教学组织，为单一课程或课程体系责献智慧。高校课程组就是这样的组织单位，其在课程建设中发挥了重要作用。在以往的课程组组成结构中，会有一位课程负责人，团队成员则由具有相同或相似专业背景的多位老师构成。这样的组织结构具有优点也存在缺点。优点就是因为他们专业相同或相近，对教学目标的认同程度较高，思路比较一致；而这一特点也可能成为缺点，造成人员组成专业背景单一，形成“教学茧房”效应，看不到专业外面的世界，限制了其教学想象力。

在对新技术环境下的新闻传播学教学理念的讨论中，Thomas E. Patterson 提出了“对于知识型新闻业的需求[10]”。他认为，在这样的背景下，应该做到两方面的创新：一是鼓励或要求对本科生的跨专业教育。二是要求新闻专业的教师与各学科保持紧密联系。针对这样的教学团队组成现状，本文认为教学团队的建设可以突破专业限制，可以跨学院、甚至跨学校，可能的情况下，还可以直接引进业界专家进入课堂，做前台或幕后的技术支持工作。可以建设“硬课程组”和“软课程组”。“硬课程组”对教学团队的所有成员有参与教学的实际要求，有学时要求，要求所有成员都要出现在本科课堂为学生讲课；“软课程组”则对教学团队某些成员没有必须到课堂上课的强硬要求，也不固定教学时长，但要求这些成员为课程教学提供必要的技术支持。“硬课程组”的管理相对简单，但针对“软课程组”则需要作为教学管理部门的本科生院或教务处制定相应的政策，满足这种相对“松散”的教学组织的管理需要，如教学工作量的计算等。但“松散”并不意味着成员彼此独立，还是要做到相互了解，形成“融合”的教学团队。

(2)引进具有技术基础的教师

人才引进是提升本科专业人才建设的主要手段之一。在“数字人文”的教学和科研成为一种趋势的背景下，文科学院可以考虑直接引进其他专业或本专业的具有技术基础的教师进入本院工作。这些教师因为经过专门的信息技术相关训练，已经形成了较好的技术思维，再结合良好的专业背景，可以为本专业学科发展创造“鲶鱼效应”。这类教师可以参与“硬课程组”，但更合适的是让其扮演“大众情人”的角色，在整个文科学院所有专业中开设技术基础类课程。由于该类教师对本专业比较熟悉，可根据本专业特点，有针对性地提出技术类课程设置和学生培养规划。

在文科学院建设实验教学中心，以上这类教师可以被纳入实验教学中心管理，不隶属于任何专业，这样可以为所有的专业提供全方位支持，同时也可以为不同专业提供不同的课程。如武汉大学新闻与传播学院新闻传播学实验教学示范中心就拥有多名具有博士学位且有深厚技术背景的实验技术人员，他们不仅为传播学技术教学平台提供技术支持，也为传播学专业开设了数字分析和数据挖掘等课程。

(3)对现有文科背景的教师进行培训

“知识型员工”和“学习型组织”往往是相伴存在的。沃特金斯和马席克认为，学习型组织是通过不断学习来改革组织自身的组织，而学习在个人，团体，组织或组织相互作用的共同体中产生，是一种持续性并可以战略性地与工作相结合的过程。建设具有创造力的“学习型组织”和文科专业技术类课程的建设目标是一致的。文科学院除了引进具有技术背景的教师外，对现有文科专业背景的教师进行技术类内容培训则更有普及性。

目前，各大高校都在进行文科建设转型，越发重视文科专业教师技术意识的培养。如武汉大学珞珈方法训练营大数据篇，专注于人文社会科学领域的数据思维、数据技术、数据方法的推广应用。开设的课程包括基础理论、技能方法、实务应用等 3 种类型，具体课程有“全球视野下的数字人文研究与实践”、“当代人文社会科学研究的新场景和新视野”、“社交媒体大数据分析”、“大数据分析技术”等具有前瞻性及实务性的内容，它们可以很好地帮助教师建立技术意识，至少让文科教师开始接触技术且不排斥技术。

2. 需要突破狭隘技术观，做到真正“文理融合”

本文认为，目前文科专业课程信息技术融合过程中存在“狭隘技术观”的问题，主要表现在 3 个方面。

(1)为开课而开课。文科专业建设中，为了迎合“数字人文”的趋势而开设技术类课程。这种情况会带来不知道开设什么类型的课程，以及找不到适合的教师及适合的教学方式，导致课程虚设。(2)技术课程可有可无。部分文科专业在引入技术类课程时，固执地认为技术仅仅是一种补充，并不是学科体系中的必要一环，没有融入学科的骨髓，只停留在表皮。(3)对技术狭隘的理解。虽然现在普遍认为信息技术应该成为文科专业建设必不可少的一种工具，但对技术的理解往往只停留在目前本学科所应用的技术领域，缺乏一种更为广阔的技术理解。

针对以上问题，本文认为，作为一线的教学执行组织，首先对信息技术要有足够的重视和理解，树立技术意识，要在宏观上把握专业发展的方向，明确人才培养的目标，科学、理性地制定适合本专业发展的技术引入路径，做到真正融合文科基础和信息技术，并能够利用信息技术拓展专业发展思路。

3. 需要获得学校教学管理部门的支持

教学活动绝对不是教师个人或者教学小组的事宜，还需要获得学院甚至学校的政策支持和协助。本文认为，这种支持包括 2 个方面。(1)对教学改革研究项目的科学管理。教师团队提出教学改革的申请肯定是经过充分考虑的，教学管理部门对其项目的重视不能仅仅停留在审批、经费拨付及项目验收上，还要对教学改革项目进行跟踪管理；要针对不同的教学改革类型提出不同的项目验收要求。如对文科专业技术类课程教改项目或信息化建设类项目，教学管理部门应根据这类项目系统建设的实际需求给予更多的经费支持，结项成果应充分参考教改项目申请书，不能局限于教改论文，还需要项目提供已完成且切实可行的技术成果。而对于以教改论文形式结题的项目，也不应只看论文的数量，建议将结项审核的权力下放到学院层级的教学管理单位，做到真正对教学有意义。(2)文科专业技术类课程的开设目前还在不断摸索中，需要得到学校主管部门的技术支持和资源环境支持。以传播学技术教学平台为例。该平台需要对学生技术类课程进行成绩评定，如本科生教学管理系统能够开放数据库接口，则可以使平台数据直接和学校教学平台相对接，降低成绩输入出错概率，降低教师方面的教学成本。

新闻传播业面临改革，新闻传播教育也应该做出相应的调整。新闻传播学文科的本质特征限制了该学科对技术的理解和接纳，它们处于十字路口又必须做出路线选择，其他文科专业在数字人文趋势的洪流中也面临相应的困难。传播学技术教学平台的实践是一次文科学院中如何纳入其他学科思维、如何构建数字文科框架的尝试，效果需要时间去检验，不过在路上最重要。

◎ 参考文献

[1] Willard McCarty. Humanities computing as interdiscipline: Is humanities computing an academic discipline? [EB/OL]. [2018-07-16]. http: //www. iath. virginia. edu/hcs/mccarty. html.

[2] 李启虎，尹力，张全. 信息时代的人文计算[J]. 科学，2015(1)：35-39.

[3] 郄建业，李旭. 交叉、融合与协同——对全媒体视野下新闻传播学教育跨学科的思考[J]. 传媒，2017，9(下)：91.

[4] 武汉大学新闻传播学实验教学中心概况[EB/OL]. [2018-07-12]. http: //jclab. whu. edu. cn/introduce/introduce/briefintro/briefintro.

[5] 邵静. 美国新闻传播学教育的现状、趋势与启示[J]. 新闻大学，2017(4)：137.

[6] 教育部高等学校教学指导委员会. 普通高等学校本科专业类教学质量国家标准(上)[M]. 北京：高等教育出版社，2018：96-101.

[7] Jesse James Garrett. 用户体验要素——以用户为中心的 Web 设计[M]. 范晓燕，译. 北京：机械工业

出版社，2008：7.
[8] Pintrich，P. R.，& Schunk，D. H. Motivation in education：Theory research，and applications[M]. 2nd ed. Upper Saddle River：Prentice Hall，2002.
[9] 范雅琳，李剑欣. 媒介融合下新闻传播学实验教材的立体化开发[J]. 中国编辑，2018(6)：84.
[10] Dimitrova，Daniela V. Informing the news：The need for knowledge-based journalism by Thomas E. Patterson[J]. Mass Communication and Society，2017，20(1)：136-139.

·教师与教学改革·

“机械动力学”教学方法论探索

石端伟　刘　照　廖冬梅

(武汉大学　动力与机械学院，湖北　武汉　430072)

摘　要：“机械动力学”是武汉大学机械工程专业高年级本科生和硕士研究生的专业课程。本文结合20年的教学实践，根据“方法论”基本思想和“机械动力学”中的发现、发明与创新法则，提炼出“机械动力学”的主体对象是机械，核心是动力学分析方法，分析工具是数学/力学/计算机软件的教学方法，详细总结了“机械动力学”教学方法论。

关键词：机械动力学；方法论；课程建设；教学改革

Exploration on the Teaching Methodology of Machinery Dynamics

Shi Duanwei, Liu Zhao, Liao Dongmei

(School of Power and Mechanical Engineering, Wuhan University, Wuhan, Hubei, 430072)

Abstract: Machinery dynamics is a major course for senior undergraduate and master students majoring in mechanical engineering in our university. Based on 20 years of teaching practice, the basic idea of methodology and the principles of discovery, invention and innovation of machinery dynamics, the paper pointed out the main object of machinery dynamics is machine, the core is the analysis method of dynamics and the analysis tool is the teaching method of mathematics, mechanics and computer software. Also, the paper summarized the teaching methodology of machinery dynamics in detail.

Key words: Machinery dynamics; Methodology; Curriculum construction; Teaching reform

1　引言

随着机械设备朝着高速化、重载荷、轻量化方向的不断发展，各行业迫切需要大量新型、高效率、高速度、高精度和自动化的机械和技术装备。采用静态设计方法，或者静态设计加上动态修正的准静态

收稿日期：2018-07-09

基金项目：2016年全国工程硕士专业学位研究生教育在线课程重点自建项目(编号0286)；武汉大学教学改革研究项目(20112018)；武汉大学研究生学科通开课建设项目(201007027)。

作者简介：石端伟(1963—　)，男，湖北天门人，博士，教授，博士生导师，主要从事机械动力学、CAE、虚拟样技术的教学和科研。刘照(1971—　)，男，湖北十堰人，博士，实验师，主要从事实验教学与实验室管理。廖冬梅(1975—　)，女，湖北仙桃人，博士，硕士生导师，高级实验师，武汉大学动力与机械学院实验教学中心主任，主要从事能源动力及装备类、能源化工和工业工程方向的实践教学、科研和实验室管理工作。

设计方法，很难满足诸多苛刻的要求，或者提高产品的开发周期和制造成本[1,2]。

“机械动力学”是研究机械系统动态特性的一门学科，从设计、制造到运行，动力学问题伴随着机械系统的全生命周期。所以，对于机械工程专业的高年级本科生和硕士研究生，“机械动力学”是一门非常重要的专业课，其教学效果关乎学生能否构建完善的现代设计方法的知识体系。

然而，“机械动力学”所涉及的基础理论知识非常广泛[3,4]，大量的理论来源于“理论力学”、“材料力学”、“结构力学”、“高等数学”、“线性代数”、“矩阵论”和“泛函分析”等基础课程，同时其所包含的知识点又与“机械原理”、“机械设计”和“现代制造方法”等专业课程有交集，此外，还要求学生编写程序或运用大型分析软件。如此庞大的知识体系，初学者往往“望而生畏”。教学中，如果处理不好，听课者会“一头雾水”，“似懂非懂”，“知其然不知其所以然”。

尽管“机械动力学”课程涉及的基础理论知识非常广泛，建模与求解的方法很多，包含大量数学、力学公式，学起来很难，但从“方法论”角度，可以分为与数学、力学等相关的一般方法和“机械动力学”特有的具体方法。

本文结合 20 年的教学实践，多项教学改革项目的研究以及两次“机械动力学”教材的出版与修订，根据“方法论”基本思想，分析了“机械动力学”中的发现、发明与创新法则，试图建立理论与实践方法统一的、完整的、科学的“机械动力学”方法论，提炼出“机械动力学”的主体对象是机械，核心是动力学分析方法，分析工具是数学/力学/计算机软件的教学方法，详细总结了“机械动力学”教学方法论。

2 “机械动力学”教学改革

2.1 教材建设与课程改革

近 20 年来，本教学团队主编“机械动力学”教材并两次修订，编写了较为完善的习题库，完成了“机械动力学”MOOC 与课程网站，开设了“转子临界转速测量”、“转子结构对临界转速的影响”和“轴承座及台体振动测量”等实验课程；向学生完全开放电子教案(PPT)，并通过课程网站平台、QQ 群和电子邮件，及时与学生交流，解答疑难问题。

2.2 注重与相关专业课程的衔接

“机械动力学”课程主要针对工科机械类和近机类专业学生开设，如果直切“机械动力学”的内容，学生无法真正将“机械动力学”知识融入专业知识体系中，从而容易形成一个相对封闭的兜里知识点。在多年的教学实践中，我们适当加强了“机械动力学”与数学、力学以及相关专业知识的串联。主要包括：

数学、力学基础知识的衔接性补充。如高等数学中微分方程求解、第二类拉格朗日方程、线性代数中行列式运算、矩阵论中矩阵运算、偏微分方程的基本概念等。

计算机基础知识和计算方法的衔接性补充。如利用 Matlab 语言编写程序、数值计算中迭代循环、数据的图形显示等；鼓励学生学习三维设计软件(CATIA 或 Solidworks 等)和大型分析软件(Adams、Ansys)。

恰当提示“机械动力学”的核心内容与“机械原理”、“机械设计”、“现代制造方法”、“工程测试技术”、“现代设计方法”、“机械优化设计”以及“故障诊断”等专业知识的前后关系，促进学生建立起完善的专业知识体系。

2.3 注重与工程实践相结合

“机械动力学”的主体对象是机械。通过多年的建设，我们搜集了大量的机械工程动力学典型案例。

通过图片、视频资料，介绍机床加工中动力学行为及其对加工精度的影响；结合有阻尼单自由度系统振动理论，介绍了台北101大厦如何通过阻尼吸振；结合连续系统振动理论，介绍美国TACOMA大桥为何在微风状态下倒塌，冬季高压输电导线覆冰后为何出现舞动；铁路工人如何通过敲击铁轨检查轨道是否有裂纹；结合隔振理论，介绍洗衣机通过阻尼隔振、车辆通过悬挂系统减振；介绍起重机在启动、制动过程中动载荷与动力学特性，以及起重机的灾难事故。

2.4 注重与主流分析软件相结合

"机械动力学"课程教学内容涉及的软件数目众多[5]。Matlab语言简洁紧凑，语法限制不严，库函数丰富、图形功能强大，适合初学者进行矩阵运算和数值仿真计算；Maple具有较强的运算符建模功能，可用于动力学微分方程的推导；Adams在多刚体系统的建模仿真方面功能强大，可用于多刚体系统的建模仿真分析；Ansys可用于考虑结构弹性变形的连续系统动力学特性的分析计算。

对于课程所涉及的不同知识点，让学生使用工程软件予以实现，并与理论结果对比，加深学生对知识点的领悟。例如：单自由度系统和多自由度系统的教学环节所涉及的离散系统的响应、固有频率和主振型，可以通过Matlab编写程序计算；在学习第二类拉格朗日方程的基础上，让学生运用Maple符号推理，建立多自由度系统的微分方程，相应的结果可以通过Adams、Ansys建模仿真予以对比分析。

2.5 主讲教师交流教学体会

四位主讲教师均掌握Matlab、Maple、Adams、Ansys以及三维设计软件，定期交流"机械动力学"课程的重点、难点，分享授课技巧，并探讨其中的方法论。

3 "机械动力学"教学方法论

"机械动力学"中包含大量数学、力学公式，教学中不做详细的公式推导，也不要求学生记住公式，而是注重一般科学方法论、数学和力学方法论及"机械动力学"方法论在教学中的运用。

3.1 一般科学方法论运用

①用联系的方法和系统论思想，来帮助学生理解知识点之间的内在关系，以便触类旁通、由此及彼，启发学生举一反三。例如，等效力学模型中，基于功不变原理进行力(矩)等效；基于动能不变原理进行质量(转动惯量)等效；基于势能不变原理进行刚度等效。载荷的描述，采用傅里叶展开、任意非周期激励函数。加强相关知识的串联，使学生系统掌握"机械动力学"课程知识，建立起完善的专业知识体系。分析矩阵迭代法与子空间法(subspace)、分块兰索斯法(lanczos)等之间的联系。

②类比法。比较机械动力学方法与传统的材料力学等静力学设计方法，阐述从静力计算、动态静力计算到动力学设计的必要性，使学生理解动载荷的根源、静力设计方法的局限性等。

③引导自学法。介绍著名的科学家对"机械动力学"的贡献，如伽利略(Galileo Galilei)、牛顿(Isaac Newton)、欧拉(Leonhard Euler)、铁木辛柯(Stephen Prokofievitch Timoshenko)、拉格朗日(Joseph-Louis Lagrange)、纽马克(Nathan M. Newmark)、傅里叶(Baron Jean Baptiste Joseph Fourier)、达朗贝尔(Jean le Rond d'Alembert)、威尔逊(Edward L. Wilson)、庞加莱(Jules Henri Poincaré)等，激励学生的求知欲望。

④质疑法。"机械动力学"是一门发展的学科，诸多问题有待进一步研究，教学中向学生提出一些需要探索的问题，如工程中大量的自激振动、非线性问题(导线舞动、机床颤振、车轮振摆、轴承油膜振荡、油缸与导轨的爬行等)、虚拟样机的动态仿真、乘坐动力学、机器人动力学、微机械动力学等，有利

于激发学生的创新潜能。在讲解动力学方程的数值计算方法及其改进策略中，通过提问帮助学生了解线性加速度法的创建过程；并且在讲解 Newmark-β 法、Wilson-θ 法的过程中，质疑这两种方法的创建思路与合理的 β、θ 值的探索过程，激发创新精神。

3.2 数学与力学方法论的运用

①在多自由度系统振动微分方程的建立中，针对具体问题，主要讲述牛顿运动方程、第二类拉格朗日方程、影响系数法、有限单元法四种方法。

②利用瑞雷(Rayleigh)法、邓克莱(Dunkerley)法等求解系统一阶固有频率。由于计算机的发展，瑞雷(Rayleigh)法、邓克莱(Dunkerley)法理应淘汰，但这两种方法在特定历史条件下的创新意识，仍值得推崇。

③分离变量法与振型截断(Cut-off)法是复杂问题简单化的很好的范例。采用分离变量法求解连续系统振动多元偏微分方程时，$y(x, t) = Y(x)\Phi(t)$，$Y(x)$ 表示振型函数，仅为 x 的函数，而与时间 t 无关；$\Phi(t)$ 是振动方式，仅为时间 t 的函数。

④矩阵迭代法是求解系统固有频率与主振型的最基础的方法。该方法在实际工程中并没有太多价值，但对于初学者理解固有频率与主振型的迭代计算还是很有作用的，在此基础上进一步学习子空间法、分块兰索斯法等。该方法中涉及"清除法"，即采用迭代计算出某一阶的固有频率与主振型之后，从动力矩阵 $[D]$ 中清除与上面算出的主振型有关的部分，就可以得到用于计算下一阶固有频率和主振型的动力矩阵 $[D^*]$。另外，由于机械系统的许多分析对象存在刚体运动，其刚度矩阵 $[K]$ 是半正定的，无法求逆，也就无法直接形成动力矩阵 $[D]$，矩阵迭代法能十分清晰地表明具有刚体运动的机械系统动力矩阵的处理方法，即 $[D] = ([K] + \alpha[M])^{-1}[M]$，且 α 的取值也很容易掌握，迭代表达式的物理意义也很明确。

3.3 机械动力学方法论的运用

①理论与工程实践紧密结合。帮助学生了解机械动力学理论的应用价值。介绍工程实际中隔振原理及主动隔振和被动隔振 2 种方法；通过具体实例，将"机械—力学模型—数学模型—求解—机械设计—优化设计"紧密联系，从机器设计本体出发，进行受力分析，建立力学模型、数学模型，然后求解，得出传递的力(矩)、模态特性(固有频率、主振型)、响应(位移、速度、加速度)，直接服务后期的机械设计。

②阐述机械动力学经典方法。传递矩阵法(transfer matrix method)是求解工程中链状系统固有频率与主振型的有效方法。例如连续梁、汽轮发电机转子、内燃机曲轴等，均可离散成一个无质量的弹性轴上带有若干个集中质量的圆盘的链状系统。齿轮传动系统经等效，可转化成一个多盘转子式的链状系统。对于链状系统，可采用传递矩阵法计算出系统的各阶固有频率与主振型。该方法简便、有效，矩阵阶次不随系统的自由度多少而变(对扭转系统，其矩阵始终为二阶；对横向振动系统，其矩阵始终为四阶)，很容易采用计算机计算。

模态分析是坐标变换的经典，如同"时空隧道"。学生往往难以理解相互耦合的方程组是如何解耦的，模态方程的质量矩阵、刚度矩阵是如何变成对角矩阵的。因此，主振型的正交性就成了该部分的核心内容。

振型截断(cut-off)法是复杂问题简单化的又一范例。面向工程设计，不必考虑所有模态，只需要截取前几阶模态。这样既能节省计算时间，又能满足工程要求。

③现代数值计算方法。有限单元法实际上是瑞雷—李兹法在离散化连续系统中的应用。Ansys 软件提供了 7 种模态分析方法，即子空间法、分块兰索斯法、power dynamics 法、缩减法(reduced)、非对称法(unsymmetric)、阻尼法(damped)和 QR damped 法；提供了完全法、缩减法和模态叠加法三种方法以解决

瞬态动力学问题，并用来分析确定结构在静载荷、瞬态载荷、简谐载荷任意组合下的位移、应力、应变等随时间变化的规律。

4 结语

近20年来，武汉大学机械设计制造及其自动化专业对“机械动力学”课程进行了“选修”与“必修”的多次变革，尽管“机械动力学”所涉及的基础理论知识非常广泛，其中包含大量数学、力学公式，学起来很难，但是，学生的选课热情始终很高。

在“机械动力学”教学中，建立理论与实践方法统一的、完整的、科学的“机械动力学”方法论，有效提高了教学质量，有利于培养学生独立思考的能力，有利于激发创新精神，有利于促进学生建立起完善的专业知识体系。

◎ 参考文献

[1] 石端伟，刘照，王晓笋，等．机械动力学[M]．2版．北京：中国电力出版社，2012.

[2] 王晓笋，石端伟，刘照，张志强．“机械动力学”课程教学改革的若干思考[J]．中国电力教育，2011(32)：78，96.

[3] 王彪．机械振动课程教学改革实践[J]．华东冶金学院学报(社会科学版)，2000，2(2)：86-87.

[4] 李永池．冲击动力学课程体系建设和教学内容改革[J]．教育与现代化，1990(2)：63-65.

[5] 蔡国平．振动力学课程教学改革的几点思考[J]．教育教学论坛，2010(35)：221-222.

·教师与教学改革·

土力学课程的双语实践和探索

刘芙蓉　邹维列

(武汉大学　土木建筑工程学院，湖北　武汉　430072)

摘　要：开展双语教学是高校教学改革的基本要求。通过对武汉大学土木工程专业学生进行土力学的双语教学实践，探讨适合现阶段的土力学双语教学方法。实践表明循序渐进的过渡性教学方法比较适合现阶段双语教学，课堂上以学生为中心，引用日常生活现象和经典案例的启发式教学方法适合专业知识的学习，课堂引入讨论和讲解国内外岩土工程大赛有利于激发学生创新意识。

关键词：土力学；过渡性教学；经典案例；课堂讨论；岩土工程大赛

Bilingual Practice and Exploration of Soil Mechanics Course

Liu Furong, Zou Weilie

(School of Civil Engineering, Wuhan University, Wuhan, Hubei, 430072)

Abstract: Carrying out bilingual teaching is the basic requirement of college teaching reform. Based on the bilingual teaching practice of soil mechanics for students majoring in civil engineering in Wuhan University, this paper discusses the bilingual teaching method of soil mechanics. The practice shows that the progressive and interim teaching method is more suitable for the bilingual teaching at the present stage. In the class, the student is the center, and the heuristic teaching method with reference to daily life phenomena and classic cases is suitable for the learning of professional knowledge. The introduction of discussion and explanation in the class for the geotechnical engineering competitions at home and abroad is conducive to stimulating students' awareness of innovation.

Key words: Soil mechanics; Interim teaching; Classic cases; Geotechnical engineering competition

1　引言

土力学是一门理论性极强的课程，其课程内容涉及土的应力、变形、渗流规律，是多门力学课程的综合应用。对土力学课程开展双语教学，一是实施高等学校本科教学质量与教学改革工程的要求，教高2007[1]文件指出高校应“推动双语教学课程建设，探索有效的教学方法和模式”[1]。二是土木工程项目

收稿日期：2018-10-10

基金项目：武汉大学教学研究项目：土力学课程双语教学的创新与实践(2017JG049)。

作者简介：刘芙蓉(1973—　)，女，湖北安陆人，武汉大学土木建筑工程学院讲师，博士。研究方向：桩基工程、路基材料动力特性。邹维列(1969—　)，男，重庆丰都人，武汉大学土木建筑工程学院副院长，教授，博士。研究方向：非饱和土特性、土工合成材料应用研究、道路中的岩土工程问题。

国际化的要求，近年来土木工程项目中涉外项目越来越多，开展双语教学，有利于提高国际竞争力。三是提高大学生的专业英语水平和直接使用英语从事科研的能力的要求。武汉大学土木工程专业岩土工程方向还没有双语课程，选择土力学开展双语教学，相较其他土木工程岩土工程方向的课程来说，更具优势。土力学课程属于力学类课程，涉及的规范条文不多，国内外教学内容有较多相同点[2]，双语教学可以借鉴国外的教学经验，双语教学语言的准确性优势明显。开展土力学的双语教学在武汉大学势在必行，但学生对双语教学的适应程度与教师的课堂教学方法与手段有很大的关系。高凌霞等认为以扩大学生专业词汇为主要目的，以每节课渗透 3 ~ 5 个专业英文语汇为最低要求的渗透式教学可以提高专业英语的教学质量和扩大学生的词汇量[3]，谢强等认为土力学双语教材的优选、师资队伍的建设、学生基本功的培养会影响土力学双语教学的效果[4]。然而对于那些从未接触过双语教学的学生而言，哪种教学方法更适合呢？笔者通过对武汉大学土木工程专业学生的土力学双语教学实践来探索和寻求适合现阶段该课程双语教学的方法。

2 土力学课程的双语实践

2.1 双语实践前的准备

针对课堂实践教学，事先的课前调查和教学内容的准备必不可少。对上课学生进行课前调查，主要是针对教师和学生比较关心的问题设问：学生英语水平能否应付这门双语课程？由于之前学生并不知道要开设双语教学，首先以“学生之前是否接触过双语教学课程？是否愿意尝试双语教学？期望的双语比例如何？”来设问，其次是“课程将增加新的考核手段，学生期望哪一种”？最后是“课程结束后学生课程成绩期望值有多高”。调查涵盖整个教学过程，对平时上课考勤和纪律是否有要求也在调查之内。调查表可以让学生对整个课程的双语教学有个大概的了解，而老师可以通过调查表对学生有一个大概的认识。调查发现有一大半学生从未接触过双语教学，对双语比例要求不高，尽管如此，学生对双语教学的兴趣还是较高，原计划双语教学人数控制在 40 人以内，结果第一期的土力学双语学生人数达到 77 人。

至于教学内容的准备，首先涉及英文教材的选择，教材选择的原则为必须是英文经典教材，而且经过多年教学实践检验。经过对市面上 6 本英文教材(见表 1)的比较，最终选择两本原版教材作为英文教案的编写参考。一是 Braja M. Das 和 Khaled Sobhan 主编的 *Principles of Geotechnical Engineering*[5]（第八版)，该书在多所美国高校使用，而且 2016 年机械工业出版社原版引进该书，价钱相对原版英文图书要便宜很多。另外一本英文教材是邓迪大学教授 J. A. Knappett 和 R. F. Craig 主编的 *Craig's Soil Mechanics*[6](第八

表 1　英文土力学教材

书　名	编著者	出版社	版别
Principles of Geotechnical Engineering	Braja M. Das 和 Khaled Sobhan	CL Engineering Publisher	8
Craig's Soil Mechanics	J. A. Knappett 和 R. F. Craig	Spon Press	8
土力学(中英双语)	郎煜华	北京大学出版社	1
Soil Mechanics	缪林昌，王非	冶金工业出版社	1
Soil Mechanics	施建勇等	人民交通出版社	1
Soil Mechanics	廖红建，苏立君，李杭州等	西安交通大学出版社	1

版），该书在全世界多所高校使用，因武汉大学和邓迪大学合作办学，选用该教材作为英文教案的编写参考，有利于学生进一步深造。其次在教案编写过程中，要注意到土力学虽然是一门力学课程，但它又不是传统意义的力学，它与实践联系紧密，涉及一些地区规范，比如土的分类、地基承载力和沉降计算，这时就不能照搬国外教材。因此，在进行双语教学时，中文教材和英文教材均不可少，授课内容应整合原版英文教材和国内教材，尽可能地符合我国现行的专业教学大纲和课程设置的要求，并合理安排授课顺序[7]。按照中文教学大纲编写相应的英文课件和讲义。

2.2 双语课堂实践和探索

2.2.1 课堂双语教学采用的方法

双语教学采取的教学方法是否可行，要在实践中检验。针对土力学的双语教学，笔者认为采取循序渐进的过渡性教学方法比较适合现阶段的教学特点，并在土木工程专业学生中实施这种教学方法。首先土力学作为一门重要的专业基础课，课程学习的主要目的是使学生在掌握土力学基本原理的基础上，能分析和解决一般的建筑物地基及基础问题。所以双语教学不是单纯的英语学习，并不以提高英语水平为最终目的，而是让学生将英语和自己学习或者从事的专业相关联，属于英语学习的一种拓展[8]。其次，现阶段用英语讲授的教学方法和手段与用汉语讲授比较，还存在一定的差距，毕竟学生的母语不是英语，采取循序渐进的方式更有利于学生适应双语教学。循序渐进的实践分为三阶段，学校选课前三周学生有自由调课的权利，刚开始前一两次全中文教学一方面可以详细向学生介绍此课程的性质，主要的上课内容，双语教学的模式，另一方面可以通过一段时间课程的学习，让学生对专业学习的难易程度有一定了解，然后再对自己的英语水平衡量后做出选择。第二阶段当学生选定双语教学班后，双语的比例将在师生双方具体的教学实践基础上不断调整。在土力学的课程体系中，既有基础理论部分，也有与实践相关的部分；既有基本概念，理论公式的推导还有习题的计算，因此每一具体的章节、每一章节中的具体部分，采用何种语言进行教学能保证教学效果，这必须建立在具体的教学实践基础之上。此外，与学生的交流和调研也是必不可少的。考虑课程的实际特点，基本概念解释、习题的计算采用全英文，而概念的理解和重难点的讲述以中文为主，英文为辅。第三阶段当学生胜任双语教学后，可以选取某一章全英文授课。双语教学期间采用全英文课件。这是因为英语对专业词汇的解释较中文更清晰，不易出错。比如地基承载力，中文解释是地基所能承受的最大荷载，按学生常规理解，这是一个单位为 kN 的力，但实际上如果采用英文解释 the maximum pressure that the soil can support，学生很清楚这就是一个单位为 kPa 的压力。

2.2.2 课堂专业知识的教学方法

从日常生活中的现象着手，揭示其中隐藏的客观规律，即与土力学相关的理论知识。举例说明：一条小路，下雨后，你会发现有的路会泥泞，你的鞋会陷进土里。有的路却不会。为什么会有所不同，因为土的类别和土的性质不同。有些土，如黏土非常容易受水的影响，可以看到太阳高照，土晒干时很坚硬，甚至会开裂，下雨或浸水后，可能会变成泥浆。为什么这类土易受水的影响？这和土的组成，尤其是矿物组成和土中的水相关，由此可引出课本中土的组成内容，而土中水含量不同，会导致土的状态不同，与课本中土的稠度内容相对应。土的不同物理状态，可以通过课本三相比例指标来反映。而有些土，如沙砾土，与水的关系不大，与密实程度相关。密实程度又与土中的颗粒均匀程度相关。几个小的生活现象几乎涵盖了土力学第一章土的物理力学性质和工程分类的所有内容。这就是从简单入手，逐渐加深拓展知识的教学手段。

从经典工程案例分析着手，启发学生寻找问题，发现问题，解决问题。以 2009 年上海闵行区莲花湖畔小区 13 层大楼倒塌为例，首先启发学生分析破坏特点，发现楼房朝一个方向整体倾倒，主体结构没坏，主要是与土相关的地下部分——桩基础断了，即楼房倒塌原因是桩断了。再问学生“为什么会发生倒塌？为什么桩会断”？“桩断的原因是桩强度不够还是桩发生较大变形”？学生发现桩是切断的，也就是桩的抗剪强度不够，那么是“桩本身的强度不够，还是桩所受荷载超过预期的承载力”？通过现场环境分析，发现桩前在开挖车库，荷载卸载，桩后违规堆填 10m 高的土堆，桩前后形成水平压力差，导致桩所受水平荷载增加，超过其抗剪强度发生破坏。鲜活的工程案例有利于锻炼学生工程分析思考能力，提高其学习兴趣。

在授课过程中，启发式教学方法应贯穿整个教学过程，如上述两个例子，教师都是先引出问题，即常说的“抛砖引玉”让学生思考为什么(why)和回答，老师将为学生做准确的解答，从而引入学生需要知道的内容(what)，最后对问题的加以引申，即如何(how)解决问题。

2.2.3 创新意识的培养

古人云：“师者，所以传道授业解惑也。”也就是说，老师是传授道理、教给业务知识和技能、解释疑难问题的。如果说前文所述是老师的基本职责，而创新意识的培养是新时代赋予老师的新要求。

创新意识始于积极思维，始于质疑提问[9]。故课堂上应引入讨论，允许学生插话，鼓励学生提问。课堂教学提倡以学生为中心的现代教育理念，教学过程中，教师要允许学生适时地“插话”。许多老师对此是反感并持反对态度的，认为学生乱插话是在捣乱，而加以厉声训斥，不让学生插话发问。其实，学生并非有意捣乱纪律，插话是学生好奇心、感性化的表现。课堂引入讨论，讨论主题应与课程内容相关，学生需提前预习收集资料，才能在讨论中有的放矢。课堂授课中，教师要善于引导学生参与讨论，例如前面提到的莲花湖畔的案例，教师事先按 4~5 个学生一组将学生分成若干小组，教师把案例分成几个主题，让每个小组学生围绕一个主题课后讨论，然后上课时每个小组派一个代表做陈述，其他小组成员和教师参与讨论。

将国内岩土大赛和国际土木工程大赛引入课程，培养创新意识。国内岩土工程大赛每两年一届，而全美 ASCE 大学生土木工程大赛每年一届，是最高等级土木工程大赛，中国以往只有三支队伍参加。这是因为参赛学员选拔条件除了专业要求外，还要求英语听、说、读、写能力强，能够熟练进行英语口语及书面交流；有参加学校各类科技创新活动经历；品学兼优，具有团队精神和奉献精神，能吃苦。现在很多高校开展双语教学，为学生参加国际大赛提供了坚实的基础，参赛队伍逐年增加。在武汉大学土力学双语课堂上，介绍与大赛相关的加筋土挡土墙知识，尤其是涉及土力学中重要的土压力问题，可以让学生从挡土墙设计原理出发，进行优化设计，为今后武汉大学参加国际性土木工程大赛尤其是岩土工程大赛做好准备。

2.2.4 考核方式

增加平时的考核，一是课堂上积极讨论的学生可适当增加平时成绩，鼓励学生尽量采用英语发言；二是课堂上增加 2~3 次 10 分钟的课堂练习，同样计入平时成绩。平时成绩所占比例大幅提高，达到 50%。新的考核方式有利于学生注重平时的学习过程，而不是专注于最后的期末考试，考试是手段，但不是检验学习效果的唯一方法。

3 结论

采用循序渐进的过渡教学方法，由全中文过渡到部分中文再到最终全英文的教学方法，对于对双语教学接触不多的学生而言，从刚开始不适应，认为“双语教学很恐怖”到认同双语教学，认为“双语教学可以继续开展”，实践表明该方法是可行的。由于土力学双语课程在 2018 年才纳入土木工程专业的培养计划中，现阶段的课堂教学课时还是按照土力学中文教学安排的，课时不多，为保证专业学习的目的，课程的英语教学讲授比例不高，但通过对 77 名学生的课后调查，学生整体感觉专业英语词汇量有所增加，听力有所提高，课程成绩合格率 97%，专业学习的目的顺利完成。2014 级 3 名学生代表武汉大学参加第二届全国大学生岩土工程大赛，获得二等奖。

土力学双语教学实践的开展，使学生可以十分熟练地运用土力学的英语专业词汇，为后续开设岩土工程方向专业课的双语教学奠定了坚实的基础。

◎ 参考文献

[1] 教育部 财政部．关于实施“高等学校本科教学质量与教学改革工程”的意见(教高[2007]1 号)，http：//moe. gov. cn/.

[2] 刘芙蓉，傅旭东．土力学课程上中美高校的教学差异[J]. 河海大学学报(哲学社会科学版)增刊，2017，19(6)：26-28.

[3] 高凌霞，覃丽坤，徐蕾，赵天雁．渗透式双语教学在土力学中的实践[J]，高等建筑教育，2010，19(1)：106-107.

[4] 谢强，梁莉，胡岱文，等．土力学双语教学探讨[J]. 高等建筑教育，2010，19(6)：122-126.

[5] Braja M. Das，Khaled Sobhan. Principles of geotechnical engineering[M]. 8th ed. Stamford：CL Engineering Publisher，2015.

[6] J. A. Knappett，R. F. Craig. Craig's soil mechanics[M]. 8th ed. London：Spon Press，2012.

[7] 卢萌盟，刘志强，王 博．对土力学课程双语教学的思考[J]. 高等建筑教育，2016，25(5)：79-82.

[8] 刘荣．土力学双语课教学的研究与探索[J]. 高教论坛，2007(6)：113-114.

[9] 李卫巍．教学过程中要允许学生“插话”，使学生畅所欲言．沈阳教育公共服务平台[EB/OL]. (2017-11-25). http：//yun. syn. cn/index. php? r=studio/post/view&sid=9041&id=155478.

·比较教育·

中加综合性大学医学教育比较及对我国高等医学教育改革的启示

朱俊勇

(武汉大学　本科生院，湖北　武汉　430071)

摘　要：通过分析、比较中加两国综合性大学的代表武汉大学和阿尔伯塔大学的医学教育在生源、教育体系、管理体制、人才培养模式、评估认证等方面的异同，希望从中得到一些对我国高等医学教育改革的启示并提供借鉴，从而进一步促进我国高等医学教育快速发展。

关键词：综合性大学；医学教育；比较；启示

The Enlightenment to China's Higher Medical Education Reform after Comparison of Medical Education between Comprehensive Universities in Canada and China

Zhu Junyong

(Wuhan University, Wuhan, Hubei, 430071)

Abstract: By analyzing the similarities and differences between the medical education of Alberta University and Wuhan University, which are the representatives of comprehensive universities in Canada and China, respectively, in term of source of students, education system, management system, personnel training model, evaluation and certification system based on careful comparison, we hope to get some inspiration and reference for the reform of higher medical education in China, which will further promote the rapid development of China's higher medical education.

Key words: Comprehensive university; Medical education; Compare; Enlightenment

进入21世纪，全新的健康卫生挑战开始出现，各国卫生体系尤其是医学教育体系还不能充分应对老龄化、疾病谱变化、慢性病、患者人群变化、患者就医行为变化、文化多元性及公众期望值增加所带来的挑战，还没有针对这些问题采取相应的强有力的措施[1]。北美高等医学教育是西方医学教育的典型代表，是一种比较成熟和有特色的医学教育模式。受国家留学基金委委派，笔者作为访问学者赴加拿大阿尔伯塔大学进行学习、交流，对北美尤其是加拿大高等医学教育体系有了进一步深入了解。加拿大阿尔伯塔大学和武汉大学同属综合性研究型大学，在办学理念、办学条件、学科建设等诸多方面具有相似可比之处。现以2所高校的医学教育作为代表，对中加两国综合性研究型大学的高等医学教育进行比较和分

收稿日期：2018-10-06

作者简介：朱俊勇(1974—　)，男，湖北天门人，医学博士，副主任医师，武汉大学本科生院教务处副处长。主要研究方向：医学教育、高等教育管理。

析，希望从中得到一些对我国高等医学教育改革的启示与借鉴。

一、中加综合性大学医学教育的比较

1. 医学生源的比较

加拿大医学教育以大学教育为基础，医学院招收至少修完大学课程并取得学士学位的毕业生，且每年招生规模有严格限制，如整个加拿大每年仅招医学生3900余人，阿尔伯塔大学每年招医学生200人左右，进入医学院的学生绝对是千里挑一的优秀学生。医学院对学生以前所学的专业不作要求，但大部分医学院校要求学生在大学中完成一学年的生物学和物理学课程、两学年的化学课程学习(所学课程必须包括实验课)；另外入学必须参加统一的MCAT(Medical College Admission Test)考试，内容涵盖自然科学、社会科学和人文科学等。全面考查学生批判性思维、写作技巧以及学医必须掌握的基本科学知识，并且需通过专家委员会的面试，只有被考核认为适合学医的学生才能通过，从而保证医学生能更深刻地理解生命科学及更迅速地进入临床医学的学习。除此之外，在考入医学院之前，学生们还要进行相关实践，写文章、到社区医院做义工等。这些具有高等教育背景的学生具有稳定的专业思想和宽泛的自然或社会、人文科学基础，选择学医绝不是一时冲动，而是深思熟虑的结果，立志将毕生精力投入之。

我国的医学院校都从高中毕业生中招生，完全按照高考分数录取，相对于热门专业，医学专业录取分数相对较低，竞争相对不是很激烈，特别是综合性院校医学专业往往被边缘化，比如北京大学、上海交通大学医学专业招生就采用专门的招生代码，录取分数比其他专业低，武汉大学每年医学专业招生基本都是最低分录取，部分学生还是调剂专业而学医，他们内心对学医并不感兴趣，许多学生对于医学究竟是一种什么职业很茫然，对学医的艰苦毫无思想准备，对成为一名医生要面对的困难、承担的责任也基本一无所知，所以在求学中遇到困难时往往丧失耐心与热情，甚至失去学医的兴趣。在进入医学院之前，学生们大多未主动接触和学习医学相关课程，更没有进行医学相关实践活动。这样就导致我们培养的医学生责任心不够强，基础不够扎实，知识面过窄，社会适应性差，不利于医学生本人的长远发展和我国医疗卫生事业的发展[2]。中加医学生源比较见表1。

表1　**中加医学生源比较**

比较项目	加拿大	中　　国
学历基础	本科	高中
入学竞争	激烈	相对较弱
入学考试	医学院入学考试(MCAT)	高考
入学基础	已修医学相关课程	几乎没有接触相关课程
学习目标	非常明确	绝大多数不够明确
学习动力	非常充足	不够充足

2. 医学教育体系的比较

医学教育包含三个部分：在校医学教育、毕业后医学教育和继续医学教育。在加拿大，这三部分是一个连续的系统，各部分之间有明确的时间界定。一般报考医学院的学生要完成4年大学本科学习，然后通过医学院入学考试(MCAT)和面试才能进入医学院就读，录取比例为 1 : 30～1 : 20。学制一般为 4 年，前两年学习医学基础知识，后两年进入临床，学习临床知识并进行临床见习、实习，除通过学校考试外，在最后一年还要参加全国医师资格考试(MCCQE) 第一阶段考试。通过考试可以继续申请住院医师培训，不通过则不能从事医疗工作。毕业可获得医学博士(M. D.) 学位。毕业后医学教育分住院医师培训、家庭医师培训和医学研究生教育三种渠道(见图 1) 。在医学毕业生中，仅 3%的人申请进入研究生教育，97%的人选择住院医师培训或家庭医师培训。住院医师培训由加拿大皇家内科及外科医师学会(RCPSC)负责，家庭医师培训由加拿大家庭医师学会(CFPC)负责。住院医师培训一般 4～7 年。先是 1～2 年的实习期培训，再进入专科。不同专科培训时间不同，普内科 3 年，内科其他专科再加 2～4 年，普外科 5 年，外科其他专科再加 2 年。住院医师第一年培训结束后，可参加 MCCQE 第二阶段考试，通过后获得医师执照，但还不能独立执业。完成住院医师培训，获得专科医师资格认证，才可独立行医。家庭医师培训：通过 2～3 年的培训，考取家庭医师资格，便可成为一名合格的家庭医生[3]。

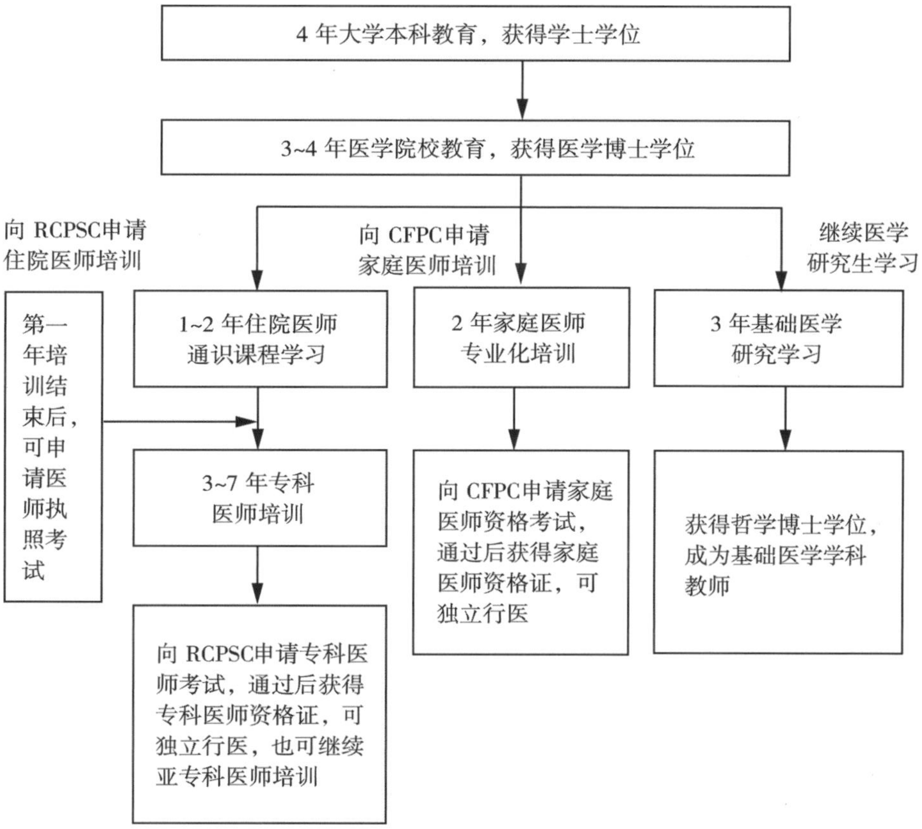

图 1　加拿大医师培养过程图

加拿大医生需要通过完成继续教育，维持终生的医师生涯。家庭医师每 2 年进行一次行医资格考试，考试不合格的，停止行医 3～6 个月再复考，合格者可以继续行医，以保证医师的知识更新。RCPSC 为专科医师的终身学习提供维护认证项目和持续职业发展，旨在维持医师“与时俱进”的职业发展。

在我国，过去高等医学教育的学制比较混乱：有 3 年制、5 年制、6 年制、7 年制、8 年制等，毕业后教育和继续医学教育比较薄弱。2014 年全国医教协同人才培养改革工作会议以来，院校教育、毕业后教育、继续教育三阶段连续统一的医学人才培养体系基本确立，适应行业特点、具有中国特色的标准化、规范化医学人才培养制度基本建立。医学人才培养逐步规范为以“5+3”为主体、以“3+2”为补充的医学人才培养体系。简单讲，就是高中生高考达到分数线后直接进入医学院校学习，“主体”是医学生本科(5 年制)毕业获得医学学士学位，之后进入住院医师规范化培训基地进行为期 3 年的住院医师规范化培训或接受 3 年临床医学硕士专业学位研究生教育，期间参加国家执业医师考试合格取得执业医师资格证，培训结束考核合格获得住院医师规范化培训合格证后，成为医生正式上岗独立从事医疗实践工作；“补充”是高中生高考达到分数线后进入医学院校参加专科学习，3 年毕业后可进入住院医师规范化培训基地进行 2 年的助理全科医生培训，期间参加国家助理执业医师考试合格取得助理执业医师资格证，培训结束考核合格成为助理全科医生正式上岗从事医疗实践工作。我国的专科医师培训才刚刚起步，继续医学教育与维持医生职业持续发展的关系还不够明确。

3. 医学院管理体制比较

在加拿大，医学院基本隶属于综合性大学，实施相对集中的管理体制：设置有关的行政管理机构，行使较全面的管理职能，管理各医学相关系(部)、医学研究中心(所)及教学医院的教学。阿尔伯塔大学医学院就有 20 个系、7 个医学研究所(中心)，全部隶属医学院管理；但其教学医院并不是大学附属医院，与大学只是合作关系，大学与教学医院签订总体合作协议(affiliation agreement)的同时，具体的教学、科研、资产管理等通过专项协议形式解决。加拿大高等医学教育经费拨款来源于省政府，由省政府通过大学拨付给医学院，再由医学院划拨给各教学医院开展教学。稳定的经费来源保障了教学医院承担并完成临床教学任务。大学医学院和教学医院通过建立日常工作的协调机制和协议来解决教学管理和质量保障问题；通过对相关医生进行教学方法培训、学生信息反馈、派教师到医院检查等形式对医院的临床医学教育进行管理，以控制和提高临床医学教育质量。

目前，我国设置医学教育的综合性大学有 85 所，其称谓有医学院、医学中心、医学部、临床医学系等；存在 3 种类型的管理体制[4]。实体型：其医学院/部/中心隶属于大学，设置有关行政管理机构全面行使管理职能，管理各医学相关学院、附属医院、医学研究中心；虚体型：与其他医学相关院系、附属医院、医学研究中心平行；部分实体型：其医学院/部/中心隶属于大学，设置一些有关行政管理机构，行使部分管理职能，管理各医学相关学院、附属医院、医学研究中心。武汉大学医学管理体制属于部分实体型：由大学常务副校长兼任医学部部长，医学部设立党工委负责相关干部任命的提名，医学部设立教育管理处、科研处管理 8 个医学相关院(系)、所有医学相关研究中心(所)、3 个附属医院的教学与科研；成立教学指导委员会和教授委员会负责医学教学及教学职称的评审。武汉大学实施二级财务管理，基本教学经费由大学划拨给各学院使用，但提留部分教育经费划拨给医学部，由医学部统一协调使用，保证医学重大教学、科研平台的建设，协调各学院、附属医院完成教学任务并保证教学质量。

4. 医学人才培养目标的比较

加拿大医学院 MD 项目人才培养目标有明确的方向性：经过四年医学院教育，将学生培养成为理论扎实、有一定临床经验的、具备良好发展潜质和基本职业素质的“毛坯型”医学人才——临床通科医师，为其毕业后进一步接受专科培训进行知识与技能的储备。不同层次医学院校的培养目标虽各有不同，但也有其共同特点，就是将医学生培养成为：(1)医学专家；(2)交流者；(3)合作者；(4)管理者；(5)健康倡导者；(6)研究学者；(7)终身学习者；(8)职业道德家[5]。阿尔伯塔大学归纳其医学生培养目标为：培养有知识的、有同情心的、协作的、深思熟虑的、专业的、致力于高质量医疗保健和终生学习的医师。

2000 年我国教育部研究制定了全国新的医学教育培养目标，包括 4 大方面：具备基本的职业素质，包括掌握伦理学原则、具有交流能力、养成继续教育习惯；掌握基础医学基本理论和方法；掌握临床医学基本理论和技能；掌握预防医学及医学相关知识，包括影响健康的经济、心理、社会、文化等非生物学因素知识，临床流行病学和循证医学知识与方法，使用医学信息的能力，了解卫生法规和卫生保健服务体系等等。但这一培养目标在实践视角方面缺乏针对不同层次院校的目标要求及如何实现目标的具体措施对策。武汉大学在这一总的培养目标下制定的医学人才培养目标为：培养具有良好的医学职业素养，掌握医学人文、社会科学和自然科学知识，掌握扎实的医学专业知识，掌握医学科学研究的基本方法，具有良好的沟通能力、评判性思维能力、自主学习与终身学习能力，具有团队合作精神的临床医师，为学生毕业后的接受继续教育和在各类卫生保健系统执业奠定必要的基础。

5. 课程设置的比较

加拿大医学教育非常注重学生学习、工作能力和拓展性思维的培养。因此，在课程设置上强调基础理论和临床实践的互相渗透和有机结合，注重临床的实践性学习。阿尔伯塔大学医学院课程体系属于北美典型的“2+2”医学培养模式：第 1、2 学年为基础医学课程，采用“以器官系统为基础”(organ system based learning，OSBL)的课程教学，分为 8 个模块，每个模块都将基础课程(解剖学、病理学、生理学、药理学等)内容整合，体现从基础科学到临床应用的过程，使学生从多个角度客观整体地思考，防止学生孤立地局部片面地理解问题；第 3、4 学年为临床课程，主要采用“以问题为中心”(problem based learning，PBL)的课程教学。学生一边学习临床理论知识，一边被安排在内、外、妇产、儿科、精神科、家庭医学科(社区)等 6 个主要临床科室进行见习、实习轮转和体验。阿尔伯塔大学为真正体现基础医学的临床应用，促进学生基础与临床知识的融会贯通，不仅在临床见习、实习中继续强化基础学科教育，还专门在四年级设置了回归基础的课程。同时非常重视学生的科研训练，让对研究感兴趣的学生有机会在实验室中投入更多的时间，并获得他们额外参加研究培训及相应成果的学分。

我国医学教育过去一直强调学生对知识、技能的掌握，大多数院校的医学课程设置仍沿袭“基础—临床—实习”的传统“三部曲”，学科界限明显，学生学习临床课程时基础知识已经被遗忘，很难建立综合、整体的临床思维。21 世纪以来，第三次医学教育改革浪潮兴起，很多院校积极探索医学教育改革，设置适合本院校医学人才培养目标的新课程体系。武汉大学医学课程设置学习美国芝加哥大学，属于“以疾病为基础的”的整合模块化课程，其优势在于整个知识体系的构建“以疾病为基础”，将基础医学与临床医学知识进行有机整合，强调基础知识和技能的临床应用，便于学生临床思维的形成。模块化核心课程包括临床病理、病理生理治疗学(CPPT)、人体结构学、细胞、分子与基因、组织与功能、损伤与反应、神经科学、临床思维、社区医学等，主要采用大班授课、小班分组讨论的课程教学。在 5 年级进行临床科室轮转实习，在内、外、妇产、儿科、神经精神科、急诊科、传染科等科室实习。同时社区医学作为必修课程，学生还要到社区卫生服务中心参加理论学习和实习。2 所学校的课程设置比较，如表 2 所示。

6. 教学方法和手段的比较

加拿大医学教育在教学方法上采用平等、互动式的授课形式，以临床为切入点，强调学习基础医学知识是为了解决临床问题。PBL 教学方法在阿尔伯塔大学医学院被广泛采用，约占 30%以上。表面上看阿尔伯塔大学医学院的 PBL 小组学习就是 1 名导师和 6~7 名学生为一小组讨论“问题”，其背后是课程委员会专家对跨学科的基础和临床问题的设计以及各种学习资料、资源的支撑，让学生在学习过程中能够涉及与“问题”相关的基础、临床、心理、社会等人群健康因素[5]。同时，学生讨论的学习习惯已经形成，在教学区，三五成群的学生在一起讨论的现象随时随处可见。此外他们还广泛使用模拟病人、标准化病人训练临床技能，MOOCs、网络资源在线学习等各种现代化教学手段，课室、医院、社区教学理论与实际紧密结合，培养学生专业能力和素质以及广阔的社会视野。同时给学生创造较多的临床实践机会，比如：较早地接触病人，在学习临床理论课程时跟随著名的医生一起上门诊或手术。学生不仅学习到临床知识和操作技能，而且有机会学习如何与病人交流，如何理论联系实际。另外，学生在见习、实习期间，必须参加各科室或医院组织的学术讲座等学术活动。同时，每学期负责教学工作的带教老师还会安排实习学生就自己感兴趣的专题作读书报告。这样，极大地训练了学生自学、主动获取信息和表述问题的能力。

表 2 **阿尔伯塔大学与武汉大学医学课程设置比较**

学校	课程类型	第一年	第二年	第三年	第四年	第五年
阿尔伯塔大学	4 年制整合型	医学概论 炎症、感染与免疫 内分泌系统 心血管、呼吸、泌尿系统 职业精神 选修课	消化系统与营养 生殖医学 运动系统 精神病学 神经科学 肿瘤学 职业精神 选修课	普通外科 内科 妇产科 儿科 家庭医学 精神病学 选修轮转 社区实习	老年病学 内科学 急诊医学 专门外科 临床选修课 居民卫生服务 基础回归课程	
武汉大学	5 年制整合型	人体结构学 细胞、分子与基因 医学史 通识课程与公共基础课程 早期接触临床 1	组织与功能 损伤与反应 病原生物学 学术与研究 医学伦理与职业态度 通识课程与公共基础课 早期接触临床 2	临床病理、病理生理治疗学 神经科学 药理学 临床技能学 学术与研究 医学伦理与职业态度	临床理论课 循证医学 临床思维 临床各科轮转实习 医学伦理与职业态度	临床各科室选修实习 社区医学 临床选修课程

我国目前大多数院校依然维持了传统学科型教学方法与手段，以教师为中心，注重课堂理论知识灌输和基础知识的掌握，采用大课理论讲授、小课实验验证、临床实践提高的教学方法。近年来虽然很多院校开始实施 PBL 的教学方法，但其实质就是一种简单的讨论式学习，与阿尔伯塔大学医学院的 PBL 不可同日而语。武汉大学虽然实施了课程整合和 PBL，但由于受到师资、教室等因素影响，讨论式教学仅占课程总学时的 15%左右，远远低于阿尔伯塔大学；同时，学生的学习依然是一种被动学习，在老师的安排下进行讨论，而不是像阿尔伯塔大学医学生主动结成小组随时随地开展讨论。我国大多数院校虽然也安排了学生早期接触临床，跟随医生一起上门诊，但由于中国特有的医疗环境，学生与病人单独交流的机会并不多，病人也不愿意与医学生交流，接受他们的诊断；学生在见习、实习期间，也被要求参加各科室或医院组织的学术讲座或其他形式的学术活动，但还没有形成常态教学任务并进行有效考核。

7. 评估方式的比较

在阿尔伯塔大学医学院，学生学习的每一门课程都采用形成性评价，注重反馈。期终考试成绩所占比例由教师自行决定，一般不超过 50%，过程评价包括考勤、每次课或每周的作业、上课发言及表现等；对学生学习效果进行“360°”评价，主要涉及 3 大块内容——理论知识、临床能力、专业素养。理论知识的评价常采用多项选择(MCQ)；临床能力的评价常采用标准化病人、客观结构化临床考核(OSCE)、迷你临床演练(mini-CEX)，辅以同学互评、患者满意度调查、文档评价等方法；专业素养的评价常采用平时观察、文档评价、教师谈话等方法。强调对学生每个学习阶段的考核和评估，包括读写综合能力的考试、与病人交流能力的测试和通过标准化病人评估等。同时十分强调对学生职业道德的检测，由医学院组成专家评估小组，对每一名学生就医疗法规及规定、循证医学相关内容、对待病人的耐心程度以及紧急状态下如何对病人进行处置等进行评估，不合格者将无法进入后续课程的学习。

尤其值得一提的是，阿尔伯塔大学医学院为保证临床教学质量的同质性，在第3、4年临床见习、实习教学中实施定期返校回馈制度：学生在不同医院见习、实习一段时间后要定期回到医学院进行课堂回馈，一方面学生向教师反馈临床上所见病种、知识及心得，另一方面教师针对学生的学习情况进行总结、反馈、查漏补缺；按照教学大纲的要求对每一个学生进行面试、OSCE等考核，学生缺什么再回到临床上补相应的见习、实习，从而确保不同医院各科室见习、实习学生教学质量的同质性。

在我国，对医学生的考核是考多评少，主要对学生的理论知识、临床能力、专业素养进行考核评价，通常通过书面测试、操作考核、平时表现(考勤、课堂表现等)进行评价；对医学生每门课程学习效果的评价，常使用“理论考核、操作考核、平时表现”的组合进行评价。对理论知识的书面测试多采用名词解释、选择题、填空题、问答题、论述题等题型，重在考核学生对知识的记忆，缺乏对临床思维的考核与评价；对临床能力的考核，目前部分高校正在积极尝试OSCE、标准化病人、mini-CEX、计算机模拟病例考试系统应用、文档评价等方法。但这些考核和评价大多缺乏对《执业医师法》、《医疗事故处理条例》等医疗相关法律法规及医德的测评，致使医学生走上工作岗位后，必须对这部分内容进行补课[6]。近几年来，我国也开始重视对医学教育的评价，一些院校开始探索形成性评价体系，国家层面也开始探索医学教育的分阶段评估，国家医学考试中心组织全国13所医学院校从2015年开始了分阶段考试的实证研究。

二、对我国医学教育改革的启示

通过对阿尔伯塔大学和武汉大学医学教育的比较与分析，我们可以看出，加拿大高等医学教育给我们以很多启示，有许多值得我们学习的地方。加拿大高等医学教育对我国高等医学教育改革具有借鉴意义。

1. 树立精英教育的意识，严把生源和教学质量关

我国高等教育已经完成了由精英教育阶段进入大众化教育阶段的跨越式发展。中央在关于进一步加强人才工作的决定中明确提出了人才强国战略，这就要求在实行大众化高等教育的同时更加重视精英人才的培养。医学不仅是一门知识更新速度快、技术日新月异发展的学科，也是一门传统的经验科学，同时还是岗位转移最少的一种职业。高投入、长学制、小规模、提高招生标准、招收全国最优生源是世界各国医学教育的共同特色。高等医学教育作为一种对教学条件要求极为严格、课程安排高度结构化、专门化、系统性和对学习对象有较特殊要求的教育类型，有其独特性，这就决定了高等医学教育要更加注重结构和质量，只能是精英教育[7]。

为适应医学教育全球化、国际化的要求，必须确立与国情相适应的医学教育发展体系：5+3为主体，3+2为补充，8年制为发展方向的医学人才培养体系，严把生源质量关。本科医学类专业逐步实现一本招生，控制培养规模，加强教学管理，提高教学质量，真正确保每位医学生的高质量、高素质。各院校根据自身条件确定办学层次：条件较好的综合性大学医学院致力于办高层次医学教育，如5+3，8年制医学教育；条件一般的医学院推行5+3为主体，3+2为补充的医学教育；逐步停办中专层次的医学教育。区分3+2，5+3年、8年制不同的培养方向：3+2毕业的医学生只能担任全科医生，主要从事初级卫生保健工

作，可以通过报考高一级医学学位的方式来提升行医资格；5+3获得医学硕士学位者成为今后从事临床医疗工作的主体，可以继续通过专科医师培训提升行医资格；8年制医学博士学位获得者可以担任专科医生或进行医学科学研究和教学。

综合性大学医学院要充分应用综合性大学学科门类齐全的优势，提升医学教育的层次和水平，加强医学与自然科学和社会科学的交叉与融合，使学生的学习兴趣更浓厚，人文基础更加深厚。可在现行招生体制允许的框架内，尽可能减少从高考学生中直接招生，采取从综合性大学已录取的新生中通过面试优选生源，选择综合素质和个性心理特征适合学医的学生，入学时综合评定，教学中多方位考核。要建立多通道的学生分流和精英选拔机制，充分考虑学生的个性特征、专业兴趣和差别。通过分流与选拔的结合，保证医学生源质量和培养质量[8]。

2. 坚持综合性大学医学教育管理体制的相对独立，确保医学教育质量同质性

目前，我国相当数量的综合性大学对医学教育的基本规律缺乏正确认识，致使医学教育的整体性被破坏，基础医学教育与临床医学教育被割裂，临床医学与相关学科（如预防医学、药学和护理学等）被分解，医学人文教育被削弱，严重影响了医学人才培养质量。

医学教育兼有一般大学教育和职业教育的功能，对医学教育的管理必然遵从这两种教育规律的共性与特性。综合大学的医学教育，有一个相对独立的管理机构专门实施管理，才能有效统筹协调。保证医学教育在管理体制上的相对独立，就保证了医学教育本身的综合性、完整性。这是一个尊重医学教育规律、符合医学教育进一步改革发展需求的模式。因此，医学教育改革要遵循医学教育规律，推进综合性大学深化医学教育管理体制改革，保持医学教育的系统性、整体性和相对独立性，理顺综合性大学与医学院、医学院与附属医院的关系，充分发挥综合大学医学院（部、中心）的作用，处理好大学及附属医院机构内部医教研协调发展的关系，加强多学科在教育上的协调和各方面教育资源的充分应用，从而确保附属医院、教学医院、实习医院教学任务的实施和医学人才培养质量及质量的同质性。

3. 围绕医学新目标进行课程体系改革，强化人文素质教育

课程是教育的载体，优化课程设置对教育质量的提高具有重要作用。我国大多数医学院校现行的课程设置依然是以学科为中心的模式，适应于传统的“诊断-治疗”模式，强调学科的系统性，以教师为中心，以传授为重点，重视知识灌输，强调知识记忆。学生缺乏批判性思维训练，过分相信权威，不利于培养创新精神。新的医学目标要求突破传统医学课程体系，重视对学生健康教育能力、预防干预能力、社区卫生保健等能力的培养。要求打破“老三段”教学模式，实行基础与临床整合，理论与实践结合的新课程体系。同时早期接触临床实习，后期回归基础医学知识，加强预防保健教育。

21世纪的医学教育要求必须从人文的角度，深刻认识人们“活着的尊严”、“病着的权利”和“死去的态度”。培养医学生以能够了解人的整体性，尊重人的尊严及追求人的完整性作为基点来执行医疗任务，解除病人的痛苦。只有提高医学生的人文素质，以同情心及体恤心去倾听病人的陈诉，关心病人，对病人施以人性化的全人医疗，才能使其在医疗实践中关注人的生存质量、生活理念和生活方式，关心人的生活环境，自觉地尊重患者的人格和自尊，才能发自内心地关心与爱护病人。而我国传统的医学教育重视医学知识的记忆，忽视了对学生人文素质的培养，如人文社科类课程仅占教学总学时的8%左右[9]。为此，我国应借鉴加拿大综合性大学医学教育中选修课范围广、课程短小的特点，增加医学哲学、医学法学、医学与社会、医学经济学等人文社会学科教育，加强医学职业道德、法律、经济方面观念的训练，使学生根据生物、心理、社会、环境等综合因素来认识人类健康与疾病的关系，重视社会、文化的因素在防治疾病中的作用。

4. 重视教学方法、手段革新，加强学生临床工作能力的培养

医学学科本身具有的实践性、应用性的学科特点决定了临床实践教学的重要性。因此我国的医学教育改革应充分重视基础和临床的有机整合。让医学生在基础课程学习阶段就能接触临床、接触患者，培养医学生专业知识学习的系统性，使其尽早形成专业意识，为临床思维的早期形成打下基础，为专业知识的学习提供感性环境；坚持以学生为主体、教师为主导的教育思想，推广"以问题为基础的学习(PBL)"、"以病例为基础的学习(CBL)"、"以团队为基础的学习(TBL)"等教学方法，由单一教师讲授、单一将知识转移给学生这种以教师为中心的教学模式转变成鼓励使用有效对话进行教学互动，教师提出启发式的问题激发学生的批判性思维，而非使用封闭式的问题局限学生思维的教学模式。积极推进采用小组讨论的方式，充分利用信息技术、网络资源进行媒体教学、情景化教学，强调"互动式学习"，留给学生充足的时间，引导学生独立学习，自主学习，提高教学效率。

5. 推广多元化考核方式，全面评价学生的综合素质

我国的医学教育改革应该根据教学目标和教学内容选择相应评价内容及评价方法，对医学生学习效果和综合素质进行全方位考核和评价。可以借鉴加拿大形成性评价体系，不仅注重反馈，注重评价促进学习的螺旋形上升，还要注重建立多元化的考核体系，引入过程性与综合性评价，加大对于知识综合应用能力以及临床思维、技能的考核力度，加大过程性评价的比重，减少终结性评价的比重。对学生学习效果进行理论知识、临床能力、专业素养综合评价：对理论知识的评价，减少记忆性题型，增加思维题型的考核，尽可能采用多项选择题(MCQ)；对临床能力的评价，采用迷你临床演练(mini-CEX)，标准化病人(SP)、客观结构化临床考核(OSCE)、推广计算机模拟病例考试系统，辅以同行评价、患者满意度调查、文档评价等方法，促进学生临床思维的形成、临床技能的提高；对专业素养的评价，采用平时观察、文档评价、患者满意度调查、教师谈话等方法进行综合评价，全面促进教学效果提升，促进学生综合素质的全面提高。

6. 进一步完善医学教育系统的结构，促进医学教育终身化

医学院教育仅是实现培养医生这个目标的起点，这个目标的最终实现还需要毕业后教育的严格培训。目前，我国的高等医学教育系统的结构虽然已经初步建立，但规范化、制度化的毕业后教育还需进一步完善，专科医师培训才刚刚起步。医学院校教育阶段承担了过重的教育负担，造成在缺乏完善的毕业后教育和继续教育的情况下，医务人员过早地专业化和专科化。我们应该充分认识到医生是一种需要付出毕生精力的职业。随着信息化时代的到来，医学知识总量激增，更新频率加快，医学院校教育无论怎样增大医学知识的传授量，也无法满足医生发展的终身需求，医学院校教育在向学生传授医学知识的同时，主要是培养学生获得认识、分析和解决问题的能力，帮助医学生建立终身学习的理念和培养终身学习能力，而毕业后教育和继续医学教育才是使一名医学生成为医生并维持医生终生职业的重要手段。因此必须尽快进一步完善住院医师规范化培训和专科医师培训制度，建立相关法律、法规和配套措施，使毕业后医学教育和继续医学教育的实施得到有力的法律、制度保障。

总之，由于国情不同以及中、加两国卫生体系需求的差异，两国高等医学教育既有相同之处，也存在明显的差异，加拿大医学教育确实给我们很多启示，有许多值得我们借鉴的经验。我们必须学会扬弃，发扬自身特色与优势，结合世界医学教育的发展趋势，进行高等医学教育改革，努力建立一种能够适应我国社会经济发展实情和人民健康需求的、具有可持续发展活力的医学教育模式和体系，促进我国高等医学教育的发展。

◎ 参考文献

[1] 孙宝志. 世界高等医学教育改革100年后的新呐喊[J]. 中华医学教育探索杂志, 2011, 10(1): 1-5.

[2] 蔡巧玲, 胡大一. 中美医学教育的比较和启示[J]. 中国医药导刊, 2006, 8(2): 131-132, 136.

[3] 李文惠, 陈校云, 余中光, 等. 加拿大医学教育模式对我国医师培养的启示[J]. 中国高等医学教育, 2015(6): 122-123.

[4] 吴健珍, 陶立坚. 中美高等医学教育的比较[J]. 基础医学与临床, 2012, 32(11): 1244-1251.

[5] 冼利青. 美加五所不同学制的医学院教学模式分析与借鉴[J]. 中国高等医学教育, 2010(7): 129-130.

[6] 张威, 谢长勇, 潘晨, 等. 中美高等医学教育比较与启示[J]. 中国高等医学教育, 2011(1): 1-2, 69.

[7] 罗伟生, 邓德灵. 论高等教育大众化阶段的医学精英教育理念[J]. 华夏医学, 2006, 19(2): 333-334.

[8] 郑珏, 徐三华, 傅友, 等. 中美八年制医学教育培养目标与生源定位的比较[J], 南京医科大学学报(社会科学版), 2008(1): 73-76.

[9] 郭永松, 吕世亭. 医学与人文社会科学综合课程的改革研究报告[J]. 医学教育, 2000, 21(5): 1-5.

·比较教育·

从“宽松”到去宽松化的日本基础教育之启示

何　丽

(京都大学　教育学院，日本　京都　606-8501)

摘　要：日本的“宽松教育”起始于1977年《学习指导要领》的修订，之后经过1987年、1998年的修订，日本的基础教育不断继续着“宽松教育”之路。但随着日本学生“学习能力下降”，日本社会对“宽松教育”的批评声高涨，2008年修订的新的《学习指导要领》中“宽松教育”不再被提及，现在已明确宣告了与“宽松教育”诀别。但对于“宽松教育”，不应只是否定，厘清问题所在，继承其合理的部分，才是应有的态度。

关键词：宽松教育；去宽松教育；学习指导要领；独立思考能力；生存能力

The Enlightenment from “Loose Education” to Abandon Loose Education of Elementary Education in Japan

He Li

(Graduate School of Education, Kyoto University, Kyoto, Japan, 606-8501)

Abstract: Japan's “loose education” started from the revision of learning guidelines in 1977. After three revisions in 1987 and 1998, Japan's basic education continued its “loose education” path. However, as Japanese students' “learning ability decreased”, the criticism of “loose education” in Japanese society grew. The “loose education” in the new “learning guidelines” revised in 2008 was no longer mentioned, and now clearly declared the departure from “loose education”. But “loose education” should not just be denied. To clear up the problem, we need to inherit its reasonable part, it is the due attitude.

Key words: Loose education; Abandon loose education; Learning guidelines; Capacity for independent thinking; Survival ability

一、导论

日本的“宽松教育”大体类似于中国的“素质教育”，两者的初衷都是希望基础教育阶段的中、小学教育要注重学生的全面发展，为他们未来做人和发展奠定基础。基础教育不能只为应试，过于看重成绩，忽略学生的全面发展。这样的初衷毋庸置疑，但日本“宽松教育”实际实施了30年的时间，却并没有获得令人满意的结果。事实上，日本自2008年正式开始了“去宽松教育”，而中国的“素质教育”也不尽如人意，无论是学校、学生家长还是中小学生依然把升学作为最重要的目标。日本的“宽松教育”从提出到废

收稿日期：2018-10-10

作者简介：何丽(1985—　)，女，陕西西安人，博士研究生，研究方向：日本教育史。

止，经历了长达30年的时间，尽管有指导纲领和具体实施办法，最终却以失败告终，这可以给我们的基础教育一些启示。

日本的“宽松教育”发端于1977年修订的《学习指导要领》。1998年公布的《学习指导要领》标志着“宽松教育”进入全盛时期。“宽松教育”的目的是解决以往的“灌输教育”问题，转变教育方式，让学生有一些宽松时间以便于提高其自主思考的能力。具体的做法就是减少学习内容和授课时间。也正因为如此，随后出现的中小学生“学习能力下降”的问题，就被归罪于“宽松教育”。日本社会随之对“宽松教育”的批评声高涨，文部科学省在2008年修订的《学习指导要领》中已不再提“宽松”一词，从这个时候开始“宽松教育”时期被削减的学习内容又被重新加了进来，日本的中小学开始了“去宽松教育”。

二、宽松教育的实施

（一）“宽松教育”的由来——“灌输式教育”

日本在第二次世界大战后约30年，为满足经济过渡成长期的需要，学校教育内容不断增多。20世纪60年代更是提出了“教育内容的现代化”，1968年修订的《学习指导要领》被称为“现代化的课程大纲”，成为战后课时数及教学内容都最多的课程大纲[1]。在这样的“偏重知识”的《学习指导要领》的指导之下，“灌输教育”成为学校教育的特点。再加上日本进入20世纪60年代，社会上已形成了“学历社会”、“学历至上主义”的观念。学生们在家长和学校要求考名校的教导之下，拼命努力地掌握知识。学校在提高升学率上发挥了很大的作用。“灌输教育”也被看成是为满足应试需求的“偏重知识”的教育。

那个时期的孩子们整日忙于学习，1970年前后，社会上人们都在担心孩子们的负担太重。当时的《读卖新闻》题为《身处考试地狱忙碌的孩子 补习班——让孩子更加疲惫》的报道中，对孩子们的状况有这样的描述：“……每天的生活就是让孩子去补习班。在补习班就是被迫死记硬背地学习。专属于大人们的‘神经衰弱’蔓延到了孩子们的世界，这令做妈妈的有多么悲哀啊！”[2]。

同时，学习跟不上的“差生”也日渐增多。1971年6月公布的全国教育研究所联盟的“有关义务教育的调查”结果显示，有关学生对于教学内容的理解，有一半的中小学教师认为有一半，1/3的中学教师回答只有1/3甚至更少[3]。

为了改变上述状况，1972年日本对《学习指导要领》作出了部分修改，开始了由“灌输教育”向“宽松教育”的转变。1977年日本进一步全面修订了《学习指导要领》，摒弃了“灌输教育”。通过削减教学内容和授课课时创造“宽松”的环境，转变教育方式为注重独立思考能力培养，在课程设置上为孩子考虑的立场也受到重视。

（二）“宽松教育”的理念

“宽松教育”全面起始于1977年《学习指导要领》的修订，经过之后1987年、1998年的修订，日本的基础教育不断继续着“宽松教育”之路。直至2008年新修订的《学习指导要领》开始转向“去宽松教育”。因而1998年的修订可以说标志着“宽松教育”进入全盛期，1998年修订的《学习指导要领》的指导思想如下[4]：

在学校完全实行每周五日的前提下，各学校在“宽松”的环境下展开各具特色的教育。各学校在要求学生扎实掌握《学习指导要领》中基础性和基本的内容之外，培养以学生具备独立思考能力为主的生存能力等。

（1）培养丰富的个性、社会性，具有作为国际社会中一员的日本人的觉悟。

（2）培养独立学习、独立思考的能力。

（3）展开宽松式的教育，在掌握基础、基本知识的同时，充实发展个性的教育。

（4）各个学校创新设计具有各自特色的教育，办出自己的特色。

“宽松教育”的目的可以简单地总结为以下几点：各学校的教职员展开具有各自特点的内容丰富的教育；缩小学习内容的范围，减轻学习负担，多出来的时间用于学生个人的自主学习；引导学生获取独立思考的能力。

“宽松教育”的具体内容有以下几个要点：学生自主地选择课程；设置“综合学习时间”，各学校自行设计独具特色的教学计划，赋予学生多种多样的学习机会；在高中实施选择学习，结合学生的熟练程度开展更进一步的学习；培养解决问题能力的学习，比如“观察及实验”“演讲及辩论”等需要花费时间和思考的学习。

日本的“宽松教育”从1972年被提出到正式开始实施的2002年间，共进行了3次学习内容与学时的删减。第一次是在1980年，小学的6年间主要的4门课程削减了312学时。之后1992年第二次的削减中，减少了207学时的同时，小学1、2年级废止了“理科”“社会”两门课，新设了“生活课”。理由是小学1、2年级的学生以自我为中心，对自己身边发生的现象是自然现象还是社会现象缺少辨别能力。在同年的9月把每月第二个周六定为休息日，在1995年4月把每月第四个周六也定为休息日。最后在2002年实施了完全的“学校5日制”。第3次的削减是正式实施“宽松教育”的2002年，伴随“综合学习时间”的设置及“学校5日制”的实施，超过了前两次的大约200学时的删减，共减少了511学时[5]。

“宽松教育”简单地说就是削减一部分用于背诵知识的时间，让学生来自主支配，发展思考能力的教育。也就是说，“灌输教育”就是把重点放在知识的获得上，而“宽松教育”则是把重点放在提高思考能力上。具体的做法就是减少在学校的上课时间和学习范围，与此同时促使学生展开自主学习。为了给学生利用空闲时间自主学习的机会，学校也变成了5日制。学生开展自主学习后，有了更多各种体验的机会。文部科学省认为由各种体验得到的各种不同的价值观能够培养丰富的人性。

在“宽松教育”的方针下，对学生成绩评价的方法也由相对评价变为绝对评价。绝对评价下无论谁只要努力就可以得到最高分。

（三）“宽松教育”的“功”

日本文部科学省考虑的“宽松教育”的长处有三点。首先是思考能力的培养。学校教学范围缩小，要获得更多的知识，就需要自己查找各种资料，这样一来，孩子们的思考能力就可以得到提高。其次是生存能力的培养。独立的思考能力直接关系到生存能力，独立思考的习惯是人类生存不可或缺的要素。最后是培养丰富的个性，生存能力的养成与丰富的个性相关，也就是说，为了获取生存能力，就必须积累更多的经验，从中就会学习到多种多样的价值观以丰富个性[5]。

但上述这些“宽松教育”的长处仅仅是日本文部科学省的考虑和设想，事实上，“宽松教育”的实施是否真正达成了这些目标，成果的验证比较困难，并没有一个明确的结论。

（四）“宽松教育”的“过”

包括学生家长在内的人们对于“宽松教育”的最大不满就是学习能力下降的问题。人们常常拿来证明学习能力下降的就是“国际学习完成度调查”（PISA）这一国际性的测试中日本学生的表现。它自2000年开始，之后每3年一次，主要以义务教育阶段学习结束后15岁的学生为对象，对其读解能力、数学应用能力、解决问题的能力进行考查。在第一次的考查中，数学应用能力方面，日本第1。然而，在2003年的调查[6]当中，与3年前相比大大下降，排到了第6。2006年的考查[7]又掉到了第10的位次。在读解能力这一学习的基本能力方面，日本也由最初的第 8，下降到 2003 年第 14，2006 年又降到第 15。这样的结果在日本社会引起了非常大的反响。“宽松教育”大幅度削减了教学内容和课时数，学习能力下降的问题自然就被归咎于“宽松教育”。

除此以外，培养学生的自主性和丰富的个性作为“宽松教育”的长处的同时，现实当中，学生看不到在学校学习的价值，不再看重“努力”和“忍耐”这些优良品格的价值，无论是学习上还是生活中都只满足于一般程度即可，孩子们甚至把“自我满足”也当作自己的个性。

另外，“宽松教育”在教师方面也存在问题。首先，教师不再布置家庭作业，学生难以养成在家学习的方法和习惯。其次，不少教师没能给学生传授学习的真正意义，导致学生不去“努力”、“忍耐”，滋生出轻易地“自我满足”“自我肯定”的风气。再次，《学习指导要领》中的学习内容，作为“要求达到的目标”，有些教师则简单地理解为“教学不能超出范围”，对于接受能力强的孩子没有相应应对的办法。最后，“综合学习时间”的设置作为“宽松教育”的一个重要环节，能够取得怎样的效果非常关键。“综合学习时间”必须有教师和学生的积极参与才可能取得应有的效果。然而，事实上，教师对待“综合学习时间”的理解不足，在没有具体实例的情况下，完全交由教师创新设计，这让本已工作任务繁重的教师感到困难，甚至存在一些抵触的情绪。因而在“综合学习时间”的设计上教师大多下工夫的程度不够，在实际的实施中并没有得到真正令人满意的效果。

三、“去宽松教育”的实施

（一）“宽松教育”向“去宽松教育”的转变

由于“宽松教育”带来了学习能力下降的问题，特别是在一些如 PISA、TIMSS（国际数学理科教育动向调查）等国际测试中日本学生的表现不断在退步，给日本社会带来了巨大的冲击。事实上还处在“宽松教育”时期的 2002 年日本文部科学省对“宽松教育”就进行了一些调整，取消了“适度的教育”的措辞，指出可以讲授一些超越《学习指导要领》内容的发展内容，人们已经看不到“宽松”一词的表述了。可以说在 2002 年文部科学省就已经宣告了“宽松教育”的失败，开始了向“去宽松教育”的转变。2008 年修订的《学习指导要领》，时隔 30 年首次增加了授课时间，重新恢复了以前被删减的大多数内容。这次的修订标志着“去宽松教育”的开始。

在 2016 年的 TIMSS 中，日本小学、中学的 4 门课程全部达到了历史最高分。由此文部科学省对“去宽松教育”更加充满信心。文部科学省认为 TIMSS 中取得好成绩是因为授课时间的增加以及全国学力考试和学习状况调查的展开。因此，针对社会上关于“去宽松教育”是否回到了“灌输教育”的老路上等疑问，文部科学省认为目前的《学习指导要领》没有必要做大的修改。针对即将在 2020 年全面实施目前正在研讨中的最新一版《学习指导要领》，2016 年 5 月 10 日日本文部科学相驰浩特别发表了“强化教育”的声明[8]，明确地宣告了与“宽松教育”的诀别，不再重回“宽松教育”与“灌输教育”对立的老路，教育方针强调注重知识与思考能力两个方面的教育，学习内容不做删减。

（二）“去宽松教育”的目标和内容

2008 年新修订的以“去宽松教育”为特点的《学习指导要领》中，指出以培养学生的“生存能力”为目标，强调为了在富于变化的社会中生存，智育、德育、体育即扎实的学习能力、丰富的心灵、健康的体魄三者应平衡得到发展。

新的《学习指导要领》为培养生存能力，更加重视家庭与所处的社会整体对学生教育的参与，增加了国语课、科学课及社会课的课时以提高读解能力和写作能力，小学6年共增加278学时，总学时数达到5645学时。中学3年共增加105学时，总学时数达到3045学时。为确保授课时间，各科目课程独立教学，打破课程界限的综合性解决问题的学习、探究活动的时间与各课程灵活衔接，重新考量了“综合学习时间”以及中学选修课的课时数，增加了主要科目的学时，把每周3~4学时的“综合学习时间”减少为1~2学时，中学开设的选修课基本废止与“综合学习时间”合并为每周2学时。新的《学习指导要领》在2009年就在一些中小学部分实施，小学于2011年、中学于2012年全面实施。高中2012年已针对部分新生实施，2013年新升入高中的学生全面执行。另外，“宽松教育”时期内容之一的学校每周5日制的方针没有改变[5]。

“去宽松教育”增加了授课时间及学习内容，增加了以小学和初中理数科目为中心的授课时间。由于“宽松教育”而删减的内容又得以恢复。教科书页数增加，变厚的教科书使学生的书包也更重。在小学还引入了外语教育，小学5、6年级成为必修，以“说”为中心，英文字母、单词的教学为辅，着重开展英语交际的体验课程。另外，在2018年有所修改的《学习指导要领》中，“道德”也成为一门课程。道德教育由于指导上的困难以及弥补其他课程时间上的不足而一直被轻视。因此，道德成为一门课程后其指导方法和评价方法都受到关注。

(三)从“宽松教育”到“去宽松教育”的思考

1. “去宽松教育”是否等于“灌输教育”

文部科学省历经了“灌输教育”、“宽松教育”，现在正走上“去宽松教育”。那么，增加授课时间和学习内容的“去宽松教育”是否会回到“灌输教育”的老路上。这是一个非常大的疑问。尽管“去宽松教育”标榜以培养学生的“生存能力”为目标，但人们感受到的就是“去宽松”的教育，即学习内容和课时的增加，学生学习负担的重新加重。这就如同人们对于“宽松教育”的认识就是减少授课时间和学习内容，而作为培养学生独立学习独立思考的“宽松教育”的目标，并没有得到社会广泛的认可。事实上，在每周5日的前提下，还要增加上课时间，恢复以前删减的算数、数学、理科的内容，势必造成学生负担加重。现今教科书的厚度已然增加，学生们的书包已经变得沉重。

2. “去宽松教育”与“宽松教育”目标的重叠

2008年修订的《学习指导要领》强调的就是掌握基础知识，培养能够独立思考的“生存能力”。“生存能力”作为“去宽松教育”的培养目标，这也正是“宽松教育”时期的目标。而当下现行的《学习指导要领》中又引入的“自主学习”的目标，也是“宽松教育”时期就有的。“生存能力”、“自主学习能力”、“独立思考能力”等内容都是共同的，这就让人不禁疑惑两者的区别究竟在哪里。

“宽松教育”之所以以失败而告终，说到底，就是减少了授课时间和学习内容，从而影响到了成绩。“宽松教育”时期不仅倡导“思考能力”、“生存能力”、“丰富的个性”的培养，并且通过删减教学内容获得的时间去具体地实施。“宽松教育”时期，专门设置了“综合学习时间”，这是为了将灌输式的教育方式转变为跨课程的解决问题能力的培养，开辟了前所未有的解决问题、培养思考能力的“综合学习时间”。各学校创新设计独具特色的教学计划，赋予学生多种多样的学习机会。比如说去农村体验挖红薯、学习英语及汉语，通过捡拾垃圾培养公益精神等，各学校开展了多种不同的尝试。在“综合学习时间”的创设上，表现出“宽松教育”时期目标与做法的一致。

的确在“综合学习时间”的具体做法上，由于是交由各个学校各自设计创新，不同学校的努力程度不同，实施效果也确实会存在高下之分。还有一点，就是衡量“宽松教育”目标是否达成难以检验，“宽松教育”究竟取得了哪些成果，无法给出清晰、客观的评判。

与之相反，各种学历考试的结果非常清楚、直接，尤其是日本学生参加国际测试的成绩越来越糟糕，这对整个社会的冲击巨大，直接迫使“宽松教育”终结，“宽松教育”不得不以失败而告终。

“去宽松教育”的目标与“宽松教育”有许多重叠，两者的区别在于“去宽松教育”在培养学生的“生存能力”的目标下，却在努力地提高学生的考试成绩，表现出目标与做法的不一致。

3. “去宽松教育”的目标与具体做法上的矛盾

“去宽松教育”提出的目标是培养学生的“生存能力”，但做法上看不到有多少与之配合的东西。相反在学校每周5日制不变的前提下增加上课时间恢复以前删减的内容，以及开设道德课和小学5、6年级的外语课等，人们感受到的只有学生学习内容的增加。再加上“宽松教育”时期以解决问题、培养思考能力为目的的综合学习时间，由以前的每周3小时减为现在的每周2小时，让人感受到的也是对这一目标的实际重视程度的削弱。事实上，由“宽松”向“去宽松”教育的转向，出发点本就是出于日本社会对中小学生“学力低下”的不满。因此，尽管2008年以来新的《学习指导要领》提出的教育目标与之前“宽松教育”时期并无大的区别，但在具体实施上却是通过增加学习内容和课时，全力解决学习能力下降的问题。实际上“去宽松教育”提出的教育目标只不过是有形式而无多少实质内容，可以说“去宽松教育”目标与具体实施相互矛盾。

4. 教育目标与现实的矛盾

由“宽松教育”到“去宽松教育”的回归，很难说不是与现实的妥协。说到底，《学习指导要领》再做改变，上一级学校的升学考试不做相应的调整的话，要么就是社会和学生家长对学校教育的不满，要么就是学校教育走上应试教育之路。

无论是过去还是现在，要上像东京大学、京都大学这种排名靠前的大学，竞争永远都是很激烈的。就是“宽松教育”时期，为升学进入好的学校去补习班补课的学生都不在少数。在“宽松教育”下，没有深入自学的孩子与上补习班备考的孩子之间就产生了大的差距。不上补习班就难以胜出，即使学得再好再努力的孩子，想要战胜那些上补习班有专人辅导的学生也是很困难的。然而，并不是所有的孩子都有条件去上补习班。孩子们当中，单亲家庭或经济上困难的家庭也不在少数。即使当下父母有工作经济状况没有问题，但因为生病或受伤等无法工作的情况一旦发生，每个孩子都有可能陷入这种困境。这其中还隐含着贫富差距导致的教育不公的社会问题。

事实上，全面否定“宽松教育”的想法也未必可取。给孩子们什么样的教育好这个问题本身还是在边摸索边进行中的。之所以有“宽松教育失败了”的声音，是因为“宽松教育”培养思考能力的目标难有一个可以清楚看到的评价，是否失败也无法得到证明。

《朝日新闻》2016年5月13日的社论中指出：“宽松教育给人们的印象就只有删减教学内容。自主学习、独立思考能力培养的初衷没有被传递出去。现在重要的不单是否定宽松教育。宽松教育的问题在哪里，有哪些东西可以继承下来，文部科学省应该有一个明确的说法。”[9]

我国的情况与日本极其相似，升学对于每个孩子的重要性不言而喻，教育要达到的目标与升学的要求不一致的话，教育目标就只能被放到一边。改革上一级学校的升学考试，尽可能地与教育目标一致，也许是今后一个共同努力的方向。

教育其实不存在“这样做绝对正确”的东西。学校再努力，家庭当中没有好的教育，孩子也难以健康成长。不论什么人，都是自己的努力决定自己的命运。无论是大人还是孩子不断努力前行最为重要。

◎ 参考文献

[1] 鈴木匡．ゆとり教育の理念に関する考 察[J]．神奈川大学心理教育研究論集，2012(32)．

[2] 新闻报道．試験地獄の中で忙しすぎる 子ども学習じゅく-虚弱化に拍車[N]．读卖新闻，1962-

05-23.

[3] 佐藤史浩.「詰めこみ教育」から「ゆとり教育」へ[J]. 宮城学院女子大学発達科学研究, 2015(47).

[4] 学習指導要領等の改訂の経過[EB/OL]. http://www.mext.go.jp/a_menu/shotou/new-cs/idea/__icsFiles/afieldfile/2011/03/30/1304372_001.pdf.

[5] 川端希望, 興梠有加里, 築地文枝.ゆとり教育について[J]. 中村学園大学短期大学部「幼花」論文集, 2011(3).

[6] PISA(OECD生徒の学習到達度調査)2003年調査[EB/OL]. http://www.mext.go.jp/b_menu/toukei/001/04120101.htm.

[7] PISA(OECD生徒の学習到達度調査)2006年調査[EB/OL]. http://www.mext.go.jp/a_menu/shotou/gakuryokuchousa/sonota/071205/001.pdf.

[8] 教育の強靭化に向けて(文部科学大臣メッセージ)について(平成28年5月10日)[EB/OL]. http://www.mext.go.jp/b_menu/houdou/28/05/1370648.htm.

[9] 社论.脱ゆとり教育丁寧な総括が必要だ[N]. 朝日新聞, 2016-05-13.

·教育调查·

基于人文素养导向的大学经典阅读课程建设状况与优化路径

——基于D大学的调查研究

刘晏如

(大连理工大学 高等教育研究院，辽宁 大连 116023)

摘 要：如今，经典阅读课程已成为众多高校推行人文教育的重要途径。本文以D大学开设的西方人文经典名著导读与中国人文经典名著导读课程为例，以授课教师和选修此课程的本科生为研究对象，深入探究经典阅读课程对大学生人文素质的影响。调查显示，经典阅读课程对大学生文化知识积累的帮助最大，对审美情趣的提升作用次之，对学生思维训练的帮助程度最小。高校的经典阅读课程应增强师资力量，扩充专业教师团队，大力提升教学质量；转变教师授课模式，增强体悟性和交互性的课程特点；精准定位课程目标，侧重学生智识能力的培养，进而促进大学生人文素质的全面提升。

关键词：经典阅读课程；人文教育；人文素质；影响因素

The Construction Status and Optimization Methods of Great Books Courses in Universities Based on Humanistic Quality Oriented

—A Survey Study of D University

Liu Yanru

(Graduate School of Education, Dalian University of Technology, Dalian, Liaoning, 116024)

Abstract: Recently, great book courses already become the important way to practice liberal education in many universities. This paper takes introduction to western classics and Chinese cultural classics as examples and takes teachers who offered the courses and students who took the courses as the research objects. It aims to investigate the influence of great books courses on students' humanistic quality deeply. The survey shows that great book courses have the greatest help to the cultural knowledge accumulation of students, the second is to the improvement of aesthetic taste, and the least is to students' thinking training. In great book courses, universities should strengthen and expand the team of professional teachers to improve teaching quality, and change the teaching mode of teachers to enhance the characteristics of mindfulness and interactivity. They also need to fix the course objectives accurately and focus on cultivating students' intellectual ability to promote the comprehensive humanities quality of university students.

Key words: Great book courses; Liberal education; Humanistic quality; Influence factors

---

收稿日期：2018-09-20

作者简介：刘晏如(1993—)，女，辽宁本溪人，大连理工大学高等教育研究院博士研究生，主要从事教育管理研究。

1 经典阅读的价值及开展模式

1.1 经典阅读的价值

何为经典？在中国，“经典”一词最早是指先秦儒家传诵的著作。“经 ”一词在战国出现，统指作为典范的书。《庄子·天运篇》中将《诗》、《书》、《礼》、《乐》、《易》、《春秋》称为“六经”；“典”为“重要的文献、典籍”之意，东汉许慎的《说文解字》中记录：“典，五帝之书也，从冊在丌上，尊阁之也。”[1]由此可见，“经典”在古代时期，是儒家权威著作的代名词。近现代以来，“经典”的含义打破了时间、空间和不同文化、流派的局限，具有更广泛的意义。在《现代汉语词典》中，“经典”有两个释义：①指传统的具有权威性的著作。②泛指各宗教宣扬教义的根本性著作[2]。不同国家、不同文化中最具有权威的著作称为文化经典(cultural classics)。

“教育的终极目的是以文化人，养成君子，此为中国教育自诞生起就确立的根本理念。”[3]在《易经》贲卦的象辞上说：“观乎天文，以察时变；观乎人文，以化成天下。”[4]通过文明的手段来确定人类社会的伦理道德和秩序制度，是以为“人文”。人文德性的养成，成为自古以来教育的核心理念，而经典著作的学习，则成为重要的途径。经典代表着人类文明发展的最高成就，成为了解文明发展历程的便捷途径，经典的根本价值在于它经历了历史不断的冲刷却历久弥新[5]。经典阅读不只是读古书，更是把阅读与对人们共同关心的当下问题的思考联系起来。在功利主义甚嚣尘上的时代，快速的生活节奏让人对无法产生立竿见影价值的经典阅读缺乏热情，但永恒主义学派认为，生命转瞬即逝，唯有真理是永恒的，经典中的智慧与善，让人产生人性的透悟和对美好生活不懈追求的渴望，才是人生的目标，也是高等教育的目标。经典阅读能使学生从名著中汲取历史上前人具有普遍意义的智慧，在提升自身文化素养的同时，形成理性思考的能力，拥有迎接美好生活的智慧。

1.2 经典阅读课程开展模式

在人文教育被愈发重视的今天，经典阅读课程成为学生接受人文教育的主要途径。经典阅读课程没有专门的领域知识，并具有三个鲜明的特点：(1)它强调以思考(thinking)、理智(reason)、判断(judgment)能力为主要特征的智识养成，而不是某种领域知识的积累；(2)它是以亲近智慧为目标的活动，并不以积累和提高专门知识为目的；(3)知识的形成产生于“对话”，而不是“传授”[6]。这些特点让经典阅读课程鲜明地区别于高校开设的其他人文素质选修课或通选课，经典阅读并不只是泛读不同时代的伟大著作，更是把阅读与人们共同关心的当下问题联系起来。目前我国已有多所大学开设了经典阅读课程，经过查阅文献和资料可知，课程的开展模式大体有以下三种：

1.2.1 大班型授课制

大班型授课制是我国高校普遍采用的经典阅读开展模式，学校遴选优秀老师，开设经典阅读课程作为通识课程或公共选修课，课容量达到100名以上。教师通过对学生阅读经典名著的指导引领，解决学生对晦涩难懂的名著“敬而远之”的阅读心理和阅读障碍，在培养学生阅读兴趣的同时，也锻炼学生独立思考的能力。此种模式对教师能力要求较高，但对教学条件要求较低。

1.2.2 小班型研讨制

小班型研讨制是美国大学经典阅读课程普遍采用的模式，它侧重对学生独立思考、说理、表达能力的训练，师生围绕经典阅读的文本展开话题讨论，学生在将文本的重要思想进行阐述的同时，加深对知识的理解和思维的训练。它要求学生能够在文本中结合自身观察和人生体会，对思考进行总结和归纳，也要求教师拥有广泛的知识积累和独到的引导能力。这种模式对教师能力、学生素质、教学条件的要求较高。

1.2.3 建立讨论组的导师引领制

建立讨论组的导师引领制是指学生根据经典名著阅读书单，自行选择、学习经典名著，导师在固定周期引领学生进行学习，答疑解惑。经典阅读虽然不在课堂中开展，但与学生学分相连，有固定的考核方式来保证学生学习质量。此种模式要求学生有较高的自律性和学习自主性。

2 D大学经典阅读课程开展概述

本文选取D大学的经典名著导读课程作为整体分析对象，有三点原因：第一，D大学为我国典型的理工科院校，存在我国其他理工科院校在人文教育中的共性问题，比如人文氛围相对淡薄，人文教育开展提升的空间和潜能较大，学生人文素养的培养需要更加重视和引导，此研究更具有实际意义。第二，D大学的经典名著阅读课的开展是全校范围的，以全校通识性课程的形式开展，面向全体学生而不仅限于某个专业，将"名著阅读"与"学分"紧密结合。第三，虽然D大学开设此课程仍属于发展探索期，但业已形成固定开展模式，积淀了一定的发展经验，具有研究价值。

2.1 课程设置

D大学于2012年9月27公布首批通识课程建设立项科目，学校依托人文与社会科学学部中文系和外国语学院外文系的学科资源，实施符合学校自身特点的教育课程，立项资助建设了24门通识课程，其中，"人文经典类"课程围绕经典名著导读展开，分别开设西方人文经典名著导读和中国人文经典名著导读两门课程，课程具体讲解书目如表1所示。

表1 **"人文经典类"经典名著阅读导读课程清单**

课程名称	课程内容	名著作者
西方人文经典名著导读	伍尔夫女性主义文学经典导读	【英】弗吉尼亚·伍尔夫(1882—1941年)
	《西方的没落》导读	【德】斯宾格勒(1918年创作)
	《君主论》导读	【意】马基雅维利(1510年左右创作)
	《王制》导读	【古希腊】柏拉图(前427—前347年)
中国人文经典名著导读	《红楼梦》作品导读	【中】曹雪芹(1744年左右创作)

西方人文经典名著导读课程由外国语学院外语系4名教师组成师资团队，在每个学期分别开设4门以不同书目为专题的导读课程，可供学生根据自身兴趣、学业安排自由选择。如表1所示，课程设置分别为伍尔夫女性主义文学经典导读、斯宾格勒《西方的没落》导读、马基雅维利《君主论》导读、柏拉图《王制》导读。中国人文经典名著导读课程由人文与社会科学学部中文系1名老师讲授，授课内容为《红楼梦》作品导读。

2.2 经典名著导读文本选择

经典名著导读的文本选择遵循两个条件：经典的"历史性"和"可重读性"。名著要在时间的冲刷和历史的发展中历久弥新，并且能够保证在不同时期、多视角品读下，都能有不同的收获。从作者来看，柏拉图、马基雅维利、伍尔夫、曹雪芹、斯宾格勒，均是从当代视角回望作者所处年代中杰出的思想家、文学家的代表。从作品来看，《王制》、《君主论》、伍尔夫女性主义文学、《红楼梦》、《西方的没落》均是具有较高重读性的经典名著。

同时，经典名著的文本选择体现了三个特性：第一，跨时代性。永恒主义者认为，经典的思想具有永恒的价值，我们要从现实的需要出发，向过去求解，通过古人的理解、视域和方法来反思现代社会的问题。这五本名著从公元前到 1918 年，横跨了千年，经过十几个世纪经久不衰，具有鲜明的跨时代性。第二，跨学科性。五本名著虽然在数量上不多，但包含文学、历史、哲学、政治学、宗教、艺术、社会学等领域，且各领域间相互渗透交融。以中国古典名著《红楼梦》为例，其内容涉及文学、历史、建筑、服饰、音乐等各个领域。教师张旭泉副教授讲道：在文学之内，作品对中国传统封建礼制下宝黛爱情故事的抒写，无论是章回式的写作手法，还是对传统文化的承袭，都具有深厚的文学价值。而在文学之外，作品对社会历史的关照和反映，也能引起大家的思考和理性批判。《红楼梦》在文学之内和文学之外的内容组成的“中国心灵”，既是对生活极致美的追求，又是对生活之外的超越。第三，跨文化性。五本名著分别以英国、德国、意大利、古希腊以及古代中国为背景，旨在让学生对东西方的思想文化都能有所涉猎。但因汉语言文学师资力量的短缺，中国人文经典名著导读只开设《红楼梦》一门课程。

2.3 开展模式及考核方式

D 大学经典名著导读课程在课容量的设计上为大班型，课容量在 100 人上下波动。课程采用以教师对阅读文本精讲为主，学生参与讨论为辅的授课方式。本文以 2016 年秋季学期开设的《君主论》导读课程为例进行说明，课程内容如表 2 所示。

表 2　　马基雅维利《君主论》导读课程内容

内容 周次	课程内容
第一周	历史脉络的梳理，从希腊到近代社会——第二次世界大战前夕的世界
第二周	文艺复兴时期的意大利及《君主论》
第三周	导读《君主论》第一章至第四章
第四周	导读《君主论》第五章至第十章
第五周	导读《君主论》第十一章至第十五章
第六周	导读《君主论》第十六章至第二十章
第七周	导读《君主论》第二十一章至第二十五章
第八周	马基雅维利的外交思想
第九周	马基雅维利的共和思想
第十周	复习《君主论》重要思想
第十一周	开卷笔试

《君主论》导读课程在 2016 年秋季班选课人数 80 人，共 11 次课 33 课时，从表 2 中可看出，围绕书目进行专题讲解是经典名著导读课程的主要开展模式，但是因授课人数众多，鲜有师生问答互动环节。课程考核方式为开卷笔试，老师在第十周布置考题，考题紧紧围绕《君主论》的内容及核心思想，需要同学们将阅读文本及人生体验相结合，形成思想体会，在考试中以主观陈述的形式答题。

3　经典阅读对大学生人文素质的影响探究

3.1　调查对象

此次调查以2013年至2016年间选修过西方人文经典名著导读或中国人文经典名著导读课程的本科生及经典名著导读课程授课教师为研究对象，主要通过对学生发放调查问卷、对授课教师深入访谈的方式进行调查，力求全面探究经典阅读对大学生人文素质的影响。

调查问卷包括19个题项，针对经典阅读对人文素养可能产生影响的5个维度(文化知识积累、价值取向、审美情趣、思维训练、行为习惯)进行调查。问卷通过4个主要影响因素的设立(教师的授课质量和水平、授课形式、课程教学内容、课程考核方式)，采用李克特五级量表的方法，分析经典阅读对大学生人文素质的影响因素。问卷通过线上发放，共发放120份，实际回收102份，回收率为85%，去除无效问卷，得到有效问卷95份，有效率为93.14%。

3.2　经典阅读对大学生人文素养的影响因素

3.2.1　经典阅读对五大人文素质提升的影响程度分析

调查结果显示，有49.02%的同学选择经典名著阅读课程的原因是对课程内容感兴趣，有16.67%的同学只想修够学分，这说明有将近一半的同学对经典阅读课程抱有学习的热忱和期望，在此背景下，笔者进一步探析经典阅读对五大人文素质提升的影响，结果如图1所示。

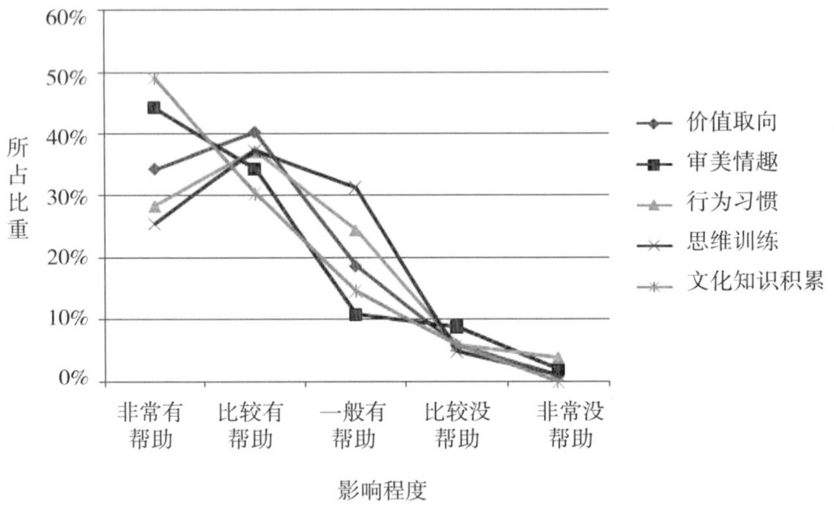

图1　经典阅读对五大人文素质提升的影响程度

表3显示了西方人文经典名著导读与中国人文经典名著导读这两门课程对人文素养中“价值取向”、“审美情趣”、“行为习惯”、“思维训练”、“文化知识积累”这五方面的影响程度。从折线的总体趋势上看，学生整体认可经典阅读对人文素养培养的积极影响。

其中，学生认为经典名著阅读对自身的文化知识积累帮助最大，对审美情趣的提升作用次之，对价值取向的指导作用和行为习惯的影响位于中等，而对学生思维训练的帮助程度最小。思维训练及行为习惯这两方面分别在“比较有帮助”的影响程度上达到自身最高比重，在“一般有帮助”的影响程度上位于五项指标的前列。综上可见，现行经典名著导读课程，初步实现了对学生文化知识积累及审美情趣提升的目标，但对学生思维训练、行为习惯培养以及价值取向引导方面仍不理想。

3.2.2　经典阅读课程中对人文素质培养的影响因素分析

在问卷设计中，将“教师的授课质量”、“教师的授课形式”、“课程教学内容”、“课程考核方式”及“其他”五项因素作为指标探究经典阅读课程在哪些方面会对人文素质培养产生关键性影响，调查结果如图2所示。

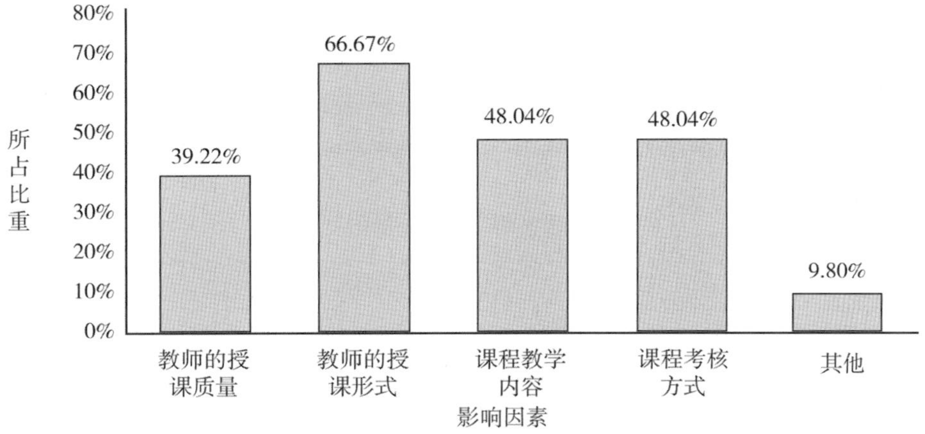

图2　经典阅读课程中对人文素质培养的影响因素

调查结果显示，除了“其他”因素，四项主体因素的影响程度都超过了30%，且数值没有出现两极化趋势，说明这四项因素对人文素质的培养都很重要。其中“教师的授课形式”占66.67%，成为调查中最关键的影响因素。课程教学内容和课程考核方式所占比重相同(占48.04%)，影响程度相同。而“教师的授课质量”所占比重为39.22%，在四项主体因素中影响最小。

针对“教师的授课形式”这一调查中最关键的影响因素，笔者在深入调查和访谈中发现，教师单一、枯燥的纯粹讲解式的授课形式成为无法使学生取得收获的关键因素。调查显示，有56.86%的同学希望课堂上能将“教师讲解与师生讨论”更广泛地结合。然而在对授课教师进行访谈时发现，教师讲解和师生讨论难以完美结合有以下三点原因：第一，课容量过大给师生讨论造成困难；第二，学生对作品的熟悉度过低，无法进行深入讨论；第三，繁重的教学任务与不充裕的课时量导致无法提供宽裕的探讨时间。

3.2.3　课容量与学生评价相关性分析

对经典名著阅读课程理想的开展模式的调查研究显示，有31.37%的学生希望接受小班型授课；30.39%的学生希望规定书单、定期开展名著讲座；19.61%的学生希望建立讨论组，进行导师定期引导式学习；只有18.63%的学生希望大班型教师授课制。调查表明，在只能实现教师授课制的课程开展模式下，小班型授课的形式得到更多学生的认可。笔者通过对课容量与学生评价的相关性分析，来进一步研究课容量与学生满意度是否相关。

本相关性分析数据来源于2016年4月D大学对2012年设立的24门通识课程验收工作数据表，研究数据覆盖从2013年春季学期到2015年秋季学期6次课程，选取西方人文经典名著导读中的伍尔夫女性主义文学经典导读与中国人文经典名著导读中的《红楼梦》作品导读的数据进行研究，数据及结果分别见表3和表4。

表 3　　**2013—2015 年经典阅读课程课容量与学生评价数据表**

课程名	伍尔夫女性主义文学经典导读		《红楼梦》作品导读	
项目 / 时间	课容量(人)	学生评价(%)	课容量(人)	学生评价(%)
2013 年 3 月	61	97	186	93.71
2013 年 9 月	52	99.08	109	96.10
2014 年 3 月	180	95.18	200	91.46
2014 年 9 月	140	96.90	208	97.87
2015 年 3 月	250	93.19	175	96.00
2015 年 9 月	94	94.96	196	95.63

表 4　　**经典导读课容量与学生评价的相关性分析**

		课容量	学生评价
课容量	皮尔森（Pearson）相关	1	-0.588*
	显著性（双尾）		0.044
	N	12	12
学生评价	皮尔森（Pearson）相关	-0.588*	1
	显著性（双尾）	0.044	
	N	12	12

注：表示相关性在 0.05 水平上显著(双尾)。

从表 4 的分析结果可以看出，课容量与学生评价存在相关关系，且在 0.05 水平上呈负相关性，相关系数达到-0.588，说明课容量和学生之间相互影响，课堂人数的增加，可能导致学生评价分数降低，而课堂人数的减少，可能导致学生评价分数增高。

小班型授课有利于学生对知识的吸纳，保证学生的听课质量，并能促进“经典阅读研讨”这种理想模式的实现。然而，小班型授课虽然是诸多教师和学生的共同诉求，但是它对学生自主学习的能力、充足的课堂硬件设施、雄厚的师资团队的要求让更多学校“望而却步”。

4　研究建议

4.1　增强师资：扩充专业教师团队，大力提升教学质量

在经典阅读课程重“知识”积累，轻“智识”培养现象的背后，是教师教学质量和教学能力不过关的显露。教师的教学质量和教学能力是决定学生能否提升人文素质的关键因素。教师团队的专业化程度、教师的教学方法都会影响教学质量和能力的提升。首先，以每位老师精讲一本名著的课程模式开展经典阅读，有利于保障教学质量，但仅依靠学校自身有限的教师资源，终究无法使更多的经典阅读交汇融合。特别是理工科院校在人文教育培养中必须打破“理工师资强，人文师资弱”的局面。因此，学校可以施行教师资源“引进来、走出去”战略，将其他学校或社会上的学者、大家引进校园和课堂，让本校内优秀的

教师走出去，使同一地区高校间教师资源能够流动，既能让资源得到高效利用，又能增加经典阅读课程开设的书目，增加学生选择自由度，满足学生学习需求。

4.2 转变模式：增强体悟性和交互性的课程特点

人文教育是人的理性教育，人的理性的重要体现之一就是与他人交谈、对话、说理的意愿与能力，经典名著阅读具有体悟性和交互性的活动特点，唯有在专业老师的引领下，以团队的形式开展非强制性的经典阅读活动是最有效果的[14]，故而单一的讲解式授课形式无疑影响课程效果。很多学者抛却庞大的学生数量、紧缺的教室资源和薄弱的师资力量现状，呼吁采用“学术沙龙”、“读书交流会”或根据经典阅读书单让学生自行阅读的形式，这种解决路径过于理想化和简单化。在具体实施中，要考虑采用“大班授课，小组研讨”的授课模式，教师在大班进行讲解式授课，使学生对名著进行整体性把握后，再将学生分别编入小组进行研讨。这样既保证了教学内容的完成，有利于师生间研讨质量的提升，又能丰富课程考核方式，激发学生的学习欲望。

4.3 精准定位：侧重培养学生智识能力

总体来说，现阶段大学开展的经典阅读课程“定位不清晰，目标不准确”，教师授课普遍存在“重教学内容，轻教学过程”的问题，忽视了学生在主观性认知、创造力和智能方面的发展。虽然人文教育要以提高学生的智识为主要目标已经成为共识，但是在经典阅读课程的开展中，学生只机械地积累了文化知识，而将知识转化为智识的能力仍未得到理想的提升。英国哲学家尼古拉斯·麦克斯韦(Nicholas Maxwell)曾提出，大学需要以提升“智慧”来代替单纯的知识积累。因此，教师要宏观把握经典阅读的教学目标，在课程中，不仅要专注文化知识的讲解，更要有意识地将古老的智慧与当代社会相结合，激发学生主动思考、体味感悟的欲望，并注重学生在思维训练、行为习惯和价值取向选择上的培养。

◎ 参考文献

[1] 许慎．说文解字[M]．北京：九州出版社，1985：393.

[2] 中国社会科学院语言研究所词典编辑室．现代汉语词典[M]．北京：商务印书馆，2008：717.

[3] 姚中秋．论通识教育之文化自觉[J]．教育学报，2014(2)：112-119.

[4] 赵辉贤．周易注释[M]．杭州：浙江古籍出版社，2009：97.

[5][14] 王洪才．经典阅读意味着什么？[J]．复旦教育论坛，2013(4)：24-27.

[6] 徐贲．阅读经典——美国大学的人文教育[M]．北京：北京大学出版社，2015：16-17.

[7] 甘阳，等．中国大学的人文教育[M]．北京：三联书店，2006：12.

[8] 杨叔子，余东升．文化素质教育与通识教育之比较[J]．高等教育研究，2007(6)：1-7.

[9] 杨叔子．是“育人”非“制器”——再谈人文教育的基础地位[J]．高等教育研究，2001(2)：7-10.

[10] 李曼丽，张羽，欧阳珏．大学生通识能力评估问卷研制[J]．清华大学教育研究，2012(4)：11-16.

[11] 李曼丽，张羽，欧阳珏．大学生通识教育课程实施效果评价研究[J]．教育发展研究，2014(Z1)：37-43.

[12] 罗文娟．工科院校大学生人文素质教育实施策略研究[J]．中国成人教育，2013(24)：57-59.

[13] 徐岚．基于经典阅读的通识教育——以东西方两所推行核心文本课程的高校为例[J]．复旦教育论坛，2016(1)：31-37.

·教育调查·

高师英语专业学生学习障碍及其消解

——以三所师范大学外国语学院学生为例

李 硕

(武汉大学 外国语言文学学院，湖北 武汉 430072)

摘 要：回顾国内外对学生学习的相关研究，学习障碍普遍存在于大学生英语学习中，并在一定程度上制约了学习效率和英语水平的提高。调查发现，高师英语专业学生的学习障碍主要体现在听、说、读、写等语言技能习得过程中，其原因涉及智力基础、学习动机、学习兴趣、学习意志和学习效能等个体内在因素，以及教师素养、课程设置、教辅硬件设施和社会家庭环境等客观外在因素。针对这些学习障碍，可从学生学习自觉的强化、教师教学工作的改进和学校教学管理的完善等方面予以消解。

关键词：英语专业学生；学习障碍；归因；措施

Learning Disability and Its Resolution for English Majors in Normal Universities

—A Case Study of Students from the School of Foreign Languages at Three Normal Universities

Li Shuo

(School of Foreign Language and Literature, Wuhan University, Wuhan, Hubei, 430072)

Abstract: Reviewing the relevant studies on students' learning at home and abroad, it is found that learning disability exists in college students' English learning, which to some extent restricts the improvement of learning efficiency and English level. Survey found that college English major students' learning difficulties are in listening, speaking, reading and writing skills in the process of language acquisition, the reasons are related to individual factors such as intellectual basis, learning motivation, learning interest, learning will and learning efficiency, and objective external factors such as teacher literacy, curriculum, teaching assistant hardware facilities and social family environment. In view of these learning disabilities, it can be eliminated through strengthening students' learning conscious, improving teachers' teaching, perfecting schools' teaching management and so on.

Key words: English majors; Learning disabilities; Attribution; Measures

国内外针对学习障碍问题的研究渐趋成熟，涵盖了心理学、教育学、社会学等多个学科，涉及学前教育、基础教育、高等教育及特殊教育等不同领域。然而，其研究对象是相对泛化的，多指向一般的英语学习。高师专业英语学习者，同样面临着制约和阻碍其英语水平发展的诸多学习障碍，特别是当前我国高等师范院校英语专业大学生普遍存在学习动机不足、学习效能低下、学习成绩滑坡等问题，其学习

收稿日期：2018-09-23

作者简介：李硕(1989—)男，武汉大学外国语言文学学院博士研究生，主要研究方向为应用语言学与英语语言教学。

障碍问题尚未引起足够重视。对这些障碍进行客观分析并提出行之有效的消解对策，是改进高校英语专业教学工作、提升英语专业学生学习能力、推动我国专业英语水平发展的一个亟待解决的课题。

一、学习障碍概念与相关研究成果梳理

(一)学习障碍内涵与外延的演进

学习障碍(learning disability)，又称“学习失能”或“学习困难”，最早于1963年由美国学者柯克(S. A. Kirk)提出并开始使用[1]。由于国情差异和教育水平的发展不一，国内外对于学习障碍的内涵解读众说纷纭，侧重角度也有所不同。柯克提出学习障碍有两种类型：发展性学习障碍和学业性学习障碍。发展性学习障碍主要是学习者本身的生理障碍造成的，包括注意、记忆、感知觉等；而学业性学习障碍是在学习活动的开展过程中学习者学习能力获得的障碍，例如，阅读、书写、计算等。[2]国际疾病分类和精神疾病诊断与统计手册中的学习障碍概念及诊断标准为：“当个体在个别施测的标准化阅读、数学或写作测验上的成绩显著低于根据年龄、教育和智力水平所预期的成绩时，个体就被诊断为学习障碍。这样的学习问题对需要阅读、数学或写作技能的学业成就或日常生活活动有着明显的影响。”[3]国内相关研究始于中国台湾地区，1977年学习障碍正式成为台湾法定的特殊教育服务范畴。1992年中国台湾地区提出了学习障碍的定义：“学习障碍，指在听、说、读、写、算能力的习得与运用上有显著的困难。学习障碍可能伴随其他障碍，如感觉障碍、智能不足、情绪困扰；或由环境因素所引起，如文化刺激不足，教学不当所产生的障碍，但不是由前述状况所直接引起的结果。”[4]该定义沿用了柯克的分类标准将学习障碍分为发展性学习障碍与学业性学习障碍。中国大陆关于学习障碍的研究始于20世纪80年代，中国学者武杰指出，学习障碍儿童指的是除残疾儿童外，由于智力差异、行为不良、心理障碍、生理疾病、教学不适以及不良社会环境影响而造成学校学习成绩明显落后于要求水平的学龄儿童。[5]上海市教育科学研究所“初中学习困难学生教育的研究”课题组于20世纪90年代初对学习困难学生进行了界定，提出“所谓学习困难学生，指的是智力正常，但学习效果低下，达不到国家规定的教学大纲要求的学生”。[6]2000年，中国成立了专门的学习障碍研究学术组织，即学习障碍研究专业委员会。目前，国内较普遍的看法是：学习障碍学生一般指那些智力正常，没有感官障碍，但在知识、能力、品格、方法、体质等要素的融合方面存在着偏离常规的结构性缺陷，智力得不到正常开发，不能达到教学大纲规定的基本要求，需要通过有针对性的教育措施或医疗措施给予补救或矫治的学生。[7]结合以上论述和相关研究，本文中所指称的学习障碍主要是就学业性学习障碍而言，限于高师英语专业大学生在听、说、读、写等基本语言能力习得与运用上所面临的显著困难。

(二)大学生英语学习障碍的相关研究回顾

当前国外学习障碍研究多限于少年儿童学习过程中的学习能力发展障碍，对高等学校学生的学习障碍并无过多的理论研究。而国内关于大学生英语学习障碍的研究主要集中在以下三个方面：

一是对大学生英语学习障碍的因素和对策研究。赵广平在对大学生英语学习障碍的研究中提出了教师和学生两方面的因素，并从学习习惯、个人需要、就业优势、学习环境和教师责任等方面提出了优化策略。[8]王英莉、贾珍霞依据自我效能理论，对某省属重点综合类大学的学生进行了问卷调查和测试，将英语学习障碍学生分为外部影响型、非智力型和智力型，分析了英语学习障碍的影响因素，并提出了具体干预措施以提高大学生的英语学习自我效能感。[9]另外，谢娜、夏炎青从心理层面指出了英语学习者的一般心理障碍和课堂学习心理障碍，并提出了重视非智力因素培养、激发学习动机、培养学习兴趣和意

志品质等消解措施。

二是对少数民族学生英语学习障碍或民族地区高校的英语教学研究。吕万英对广西壮族大学生的调查研究认为，受壮语母语的影响，壮族学生英语学习中最大的障碍是语音不准，应针对壮族学生的实际加强语音理论指导。[11]郭林花分析了壮族学生英语学习障碍的原因，认为原因主要存在于社会经济条件制约和语言环境与语言障碍两方面。[12]王静以非英语专业藏族大学生为研究对象进行了调查与访谈，指出他们在英语学习中出现的障碍主要有学习方法知识欠缺、缺乏毅力、三语间思维转换混乱和学习时间不足等四大问题，并提出了传授学习策略、培养意志力、激发学习动机等策略。[13]蒋燕对贵州地区少数民族学生的英语学习进行了研究，认为母语—汉语—英语三种语言与文化的交互融合是必经之路，英语学习障碍主要存在于语言迁移、文化认同和情感因素三个方面。[14]另外，黄影妮、邓杏华根据 Krashen 的情感过滤假说理论，调查和分析了情感障碍对少数民族地区高等院校学生学习英语的影响，并从兴趣动机、学习自信和缓解焦虑三个方面提出了解决方法。[15]

三是对单一英语技能学习障碍的研究，主要集中于听力和写作学习障碍。王方在分析听与读异同的基础上，运用对比、分析和实际调研的方法剖析了大学生听力理解的障碍，认为在英语听力学习中，克服听力障碍的关键在于学习者必须从根本上熟练掌握听力理解的诸要素及其内在的各种互动规律，厘清听与读的异同和彼此之间的关系，注重自上而下和自下而上知识的融会贯通。[16]顾晓艳分析了影响学生听力理解的诸多因素，并提出了七条有利于克服听力学习障碍的训练方法。[17]李川通过问卷调查法和观察法对学生存在的听力学习障碍进行了归纳总结，并以听力理解模式和学习策略训练模式为理论框架，通过实验方法对听力学习策略训练在提高学生英语听力水平的效果方面进行了定量研究。[18]张省林分析了传统英语写作教学中焦虑、抑制、自尊和动机等层面消极情感的产生及其危害，鼓励教师运用过程写作法教学等有效教学途径培养学生的积极情感因素，以克服英语写作中的心理障碍。[19]冯群采用问卷调查的方法调查了接受开放教育的英语专业本、专科大学生在二语写作过程中的写作困难，指出词汇是影响写作的最大障碍，且本专科学生的二语写作障碍存在显著差异。[20]

综上可见，现阶段国内对大学生英语学习障碍的研究不足有以下几点：第一，在研究对象的选择上，当前的调查研究主要局限于民族地区或少数民族非英语专业学生的英语学习障碍研究，对高师英语专业学生的学习障碍研究尚属空白；第二，在学习障碍的内容上，集中于听力、写作等单一语言技能的研究，缺乏整体和系统的专业性学习障碍的研究成果；第三，在影响因素的研究上，多限于心理障碍、人格障碍等内部因素的研究，缺乏翔实的调查和取证以及对个体内部因素与外部环境因素的综合分析。因此，本着发现、分析和解决问题的思路，本研究将在一定程度上弥补大学生英语学习障碍的研究不足，为高师英语专业学生克服学习障碍提出相应对策，也为提升高校英语专业的教学水平做出贡献。

二、高师英语专业学生学习障碍的现状调查

依照调查问卷的设计规则，立足学习障碍的主要特征，笔者自行编制了《高师英语专业学生学习障碍调查问卷》。问卷采用李克特五点量表形式，内容除涉及调查对象的基本情况外，主要涵括三个模块：一是现阶段英语专业学生在英语学习过程中所存在的主要障碍，二是引发学习障碍的客观条件、学生主观制约因素，三是降低或清除学习障碍的可能措施，共20小题。在前期试测Q师范大学40个小样本学生基础上，对问卷题目作出优化，并且邀请武汉大学和华中师范大学5位教育学专家对问卷的效度进行评定，结果表明，5位专家一致认为该问卷内容与理论构想相符，具有较高的效度。通过施测调查，Cronbach's α 为0.864，表明该问卷具有较好的信度。该问卷向H师范大学、Q师范大学和X师范大学外国语学院英语专业本科一、二、三年级学生随机抽样发放400份，回收有效样本344份，有效回收率86%。

调查中显现的学习障碍问题复杂，形式多样，程度不同，笔者依照惯常思维予以统计和总结，主要归纳为听力、口语、阅读、写作及其他语言技能等方面的学习障碍。

(一)英语听力学习障碍

英语听力学习障碍是许多英语基础学习者所面临的问题。听力是英语交际的重要组成部分，也是流利交流的前提之一。良好的听力可以帮助交流者透彻理解所听话语，从而为思维反应和语言组织打下坚实基础。调查分析显示，有 48.25%的被试表示自己在听力学习中存在障碍，其中，绝大多数是低年级学生。现实中的听力学习障碍主要集中在听力基础薄弱、听力材料不足、所听内容陈旧、听力设备及技术手段不够发达等问题上。

(二)英语口语学习障碍

英语口语与听力密不可分，两者共同组成了英语的听说体系。口语的好坏是显示一个英语学习者英语水平最直观的参考条件之一，对于英语专业学生而言尤其重要。口语学习是让很多国内学生头疼的问题。传统的英语教育过于强调读写的重要性而忽视了交际能力，这一状况随着英语教育的发展已经大有改观但仍存在重要缺陷。调查表明，55.23%的学生认为其在英语口语学习上存在障碍。主要表现在：英语语音的正规性问题、口语基础问题、口语薄弱导致的信心缺失问题、与以英语作为母语国家人士直接交流所产生的焦虑问题等。另有部分被试表示口语课程设置及课时安排存在不合理状况。

(三)英语阅读学习障碍

英语阅读是考察学习者英语语言理解能力及英语语篇分析能力的重要标志，它直观地反映在对于英语文字材料的理解上。调查显示，对于英语阅读方面的障碍大部分学生没有过多问题，存在阅读障碍的比例只占到 28.48%，是所调查的几个方面中比例最小的一个。这与我国英语教育中对阅读理解长期的重视有很大关系。但这并非说明阅读学习方面的障碍不够重要。相反，在本方面所凸显的问题正是我们如何深化阅读教学的重要依据。这方面的障碍主要有：阅读材料多为应试性，做题成为阅读首要目标；阅读选材局限性太大，不够多样；阅读授课过于机械，缺乏趣味性等等。

(四)英语写作学习障碍

写作是学习者英语水平的综合体现，是其能否将英语运用自如的展示途径。英语写作涵盖了语篇、语法、语用、写作格式等多领域多方面的能力，是考察学习者能否将自身思维转化为文字表述的唯一方式，因此显得尤为重要。41.27%的学生认为他们在写作方面存在障碍，主要表现在：词汇选择运用不够准确、句法规则运用不够规范、逻辑结构不够清晰、语言组织不够到位等。

此外，调查显示，学生对于英语学习其他方面也存在一定障碍，集中在翻译、跨文化交际等方面。如翻译手法运用不当，对中西文化差异的理解不够深入等等，此处不再赘述。

三、高师英语专业学生学习障碍的归因分析

造成英语专业学生学习障碍的原因有多种，大致可归为个体内在因素和客观外在因素两类。

(一)个体内在因素

1. 智力基础因素

学习是集智力及非智力因素于一体的行为，尤其是智力因素对学习的重要性影响不可忽视。“心理学

研究表明，智力在全人口中表现为从低到高的常态分布状况，即两头小中间大。一个弱智的学生即使其处于最优的学习条件中也绝不可能在学习上产生超越正常学生的奇迹；同样，一个无心上学的学生即使聪明绝顶，也不可能在学习上有什么突出的成就。”[21]因此，智力是造成英语学习障碍内容不同和程度差异的重要因素。在调查中，过半数学生认为自己智力条件一般，言语智力没有什么优势，在与别人同等努力的基础上学习英语效果差不多；另外半数则平均分布于两极。这与智力的常态分布状况基本相符。

2. 学习动机因素

动机一直被认为是英语学习的主要因素。研究认为，学习动力越大，语言学得越快，学得也越好。学习动机是学习活动的一种动因或力量，决定着英语学习的质量高低。调查显示，36.63%的学生有英语学习的长期目标，包括事业目标、生活目标等；48.25%的学生有短期目标，如参加等级考试或考研等；另有15.12%的被试表示自己的英语学习没有目标，三者的英语水平相应呈递降分布。没有学习目标的学生，其根本在于没有想学的动机。很多学生认为自己将来不从事与英语相关的工作，不可能把英语作为生存的条件或谋生的工具，于是他们对英语学习采取马虎应付的态度，不去努力训练听、说、读、写等方面的能力。这种态度必然会对其积极学习的行为产生负面影响，从而阻碍英语学习的效果。

3. 学习兴趣因素

学习兴趣是影响英语学习的又一重要因素。从心理学的角度来看，深层的动机来源于对所学的东西的浓厚兴趣。兴趣有助于对所学科目的认识，认识的深化又有助于激发兴趣。如果没有以兴趣为基础的学习主动性，学习目标是难以完成的。56.4%的被试表示自己能够始终保持对英语学习的趣味和新鲜感，而43.6%的被试则表示不能始终保持学习趣味。在英语专业学生范围内学生对英语学习的趣味如此低下，这一比例令人震惊。其影响因素大致可归为：所学内容枯燥乏味、自主学习控制力不强、外界环境诱惑与影响等。因此，解决学生英语学习的兴趣和主动性问题迫在眉睫。

4. 学习意志因素

语言学习是一个不断积累的过程，外语学习尤其如此。持之以恒是所有英语学习者的必备功力，良好的学习意志品质是实现学习行为的根本保证。学习的努力程度是推动学习的内在力量，而努力学习的程度是动机转化行为的具体表现，也就是说花在英语学习上的时间有多少。调查显示，有28.49%的学生并不能坚持高效的英语学习，更有84.88%的学生认为自己比别人花在英语学习上的时间要少。从逻辑上说，英语学习动力越大的人，花在英语学习上的时间就越多。但实际上这两者有时候是有差距的。主要的原因是学生的毅力不够，外界的多种因素干扰是重要原因之一。

5. 学习效能因素

学习效能是英语学习障碍研究不得不提出的问题之一。有些学生认为自己智力水平正常，对英语学习有明确的动机，也有浓厚的兴趣，并且花在英语学习上的时间也不少，但其英语水平并没有显著提升。这就涉及英语学习效能的问题。理论上说，同等的学习时间和努力程度造成的水平差异并不大，但问卷调查和访谈显示，有过半数学生认为自己在学习过程中不能很好地集中注意力，学习效率不高，自我效能感不强。不少学生在英语课上不专心听课，开小差，没有全神贯注，全心投入，这样肯定影响到其学习成绩。因此，如何提高学生英语学习的效率，保证学习质量是我们应着手解决的问题之一。

(二)客观外在因素

1. 教师素养因素

教师是学习活动的指导者，教师的教学是学生汲取知识的重要源泉，因此，教师在英语学习过程中扮演着极为重要的角色。“教师的素养指教教师的素质与修养。教师要顺利完成自己的教学任务就必须具备充分的素质与修养，因此，教师的素养构成教育活动的前提，也是衡量其是否胜任本职工作的基本条件。”[22]好的外语老师不仅能把自己的知识传授给学生，同时还能创造轻松愉快的课堂气氛，充分调动学生的积极性使他们对外语学习产生兴趣，帮助他们树立正确的学习态度，从而使他们更积极地配合老师的教学，更积极地投入学习。教学效果差的老师不但很难调动学生的积极性，而且还会使他们失去兴趣和信心。

2. 课程设置因素

英语专业课程对于英语专业学习者的重要性不言而喻。合理的课程设置能够保证学生在英语学习各方面的能力得到同步提升。现阶段高师院校所开设的各专业课程基本涵盖了英语学习的各个方面，既有基础培养，也有理论提升。调查显示，有 82.55%的学生对于现在的课程设置感到“满意”或“基本满意”。由于各学生实际情况不同，课程设置方面对学生造成的学习障碍呈现出多学科多方面性。这就要求我们在专业课程设置上，既要把握全局，又要突出重点。这对我们的课程设置提出了不小的挑战。

3. 教辅硬件设施因素

随着社会的进步和科技水平的发展，科学技术被更多地运用到英语教学活动中。由于英语教学的特殊性，其对多媒体仪器和录放设备的使用要求更为频繁和复杂。现阶段英语专业的教辅硬件设施配置正在逐步深化并已取得显著进步。教学方式由原来的口口相授转变为多途径多模式的教学。但仍有 66.86%的学生认为学校的各种教学设备和教学资源对他们的英语学习帮助并不突出。主要原因是接触机会较少，主动使用意识不够。如何使学生更好地运用我们的先进教学设备，培养精通多媒体教学并善于运用高新教学器材进行授课的教师成为重点问题之一。

4. 社会家庭环境因素

英语学习的环境是影响英语水平的因素之一，良好的英语学习环境对英语学习者有着潜移默化的效果。但从现在的教学和社会环境看，英语学习缺少语言学习的社会环境，英语输入和使用的局限性很大。只有 4.07%和 5.4%的学生表示他们的家庭成员或所生活的社会环境对他们的英语专业学习有着促进作用；而有 71.51%的被试表示完全没有。这与我国英语普及的范围领域有待进一步扩大有关。此外，“建构主义语言观认为学习者在真实的语言情景中通过合作学习和意义协商习得目标语。”[23]但是，在学校内的学习环境中，参与合作学习者都是以英语为外语的学习者，无法达到真实的语言环境。因此，社会家庭因素对于英语学习氛围的营造有深远的影响。

四、高师英语专业学生学习障碍的消解措施

根据调查所发现的现实学习障碍和成因，可从学生学习自觉的强化、教师教学工作的改进和学校教学管理的改善三个方面采取措施。

(一)学生学习自觉的强化

1. 端正学习态度，树立学习目标

对待外语学习的态度与外语学习的好坏有很大的关系。“成功的学生往往采取积极的态度，既有利于学习的态度，同时他们的积极态度又激励他们取得更大的进步，这是一种良性循环。相反，对外语并不感兴趣，只是为了应付考试、为了拿到文凭而学习或认为自己缺乏语言才能、不适合学习外语的人对外语学习往往采取消极的态度，而这种态度会导致英语学习的失败。”[24]因此，树立良好的英语学习态度是学好英语的前提。

英语专业学生应对外语学习有一个明确的目的和动机，应该认识到学习一门外语需要付出艰辛的劳动，花费很多时间，所以应为自己制定现实的、短期的、容易实现的目标，以便更容易地安排调整自己

的学习，更容易地看到自己所取得的进步，从而帮助自己保持学习的主动性和积极性。同时，确立一个远大的、通过刻苦努力可实现的目标也能激发学生的英语学习积极性。

2. 培养学习兴趣，优选学习方法

英语谚语说“有兴趣就成功了一半”。所以作为英语专业的学生，要鼓励自己热爱所学专业，培养自己对于英语学习的浓厚兴趣，使自己做到有意识地学习，目的性更强，更加自信。这样学生对于已学过的知识会有更好的理解，而对于未知的英语知识有着强烈的探索欲望，同时也能在学习过程中避免很多挫折。这种求知欲正是我们对英语专业学生所大力提倡的。

学生要找到适合自己的学习方法。不论何时，要想学好英语，就必须了解什么样的学习方法最适合自己。一旦适应了最开始的学习环境，他们很快就会去适应或对其进行调整以使其适合自己。学生要全身心地投入英语学习过程。所有的优秀英语学习者都不是被动地接受，而是主动地学习，不论有形中还是无形中都能形成自己的学习方法，从而更加积极有效地参与到英语学习中。

3. 改善学习环境，营造学习氛围

良好的英语学习环境和氛围能够对学生的英语学习起到促进和推动作用。无论你来自什么地方，你在进入英语专业学习前身边英语学习氛围是什么样子，当你置身于英语专业的学习环境中时，就应当主动地投入英语学习氛围的营造中。学习氛围的营造不是一个人的事情，也不是单方面的事情，需要大家参与进来，需要教师与学生的团结和协作。

外语学习的特征在于其多变性，因为它不受时间和地点的限制。学生应主动活跃学习气氛，让良好的学习氛围渗透到每个学生的学习、生活、休息和各种课外活动中。适当的课外活动包括：英语沙龙，英语角，英语竞赛和英语演讲比赛，专题讲座，阅读英语原版小说，讲英语故事，看英语电影，阅读英文报纸刊物，收听英语节目，尝试在线自学材料，交外国朋友促进英语学习等等。通过这些活动，可以逐渐优化英语学习环境，营造学习氛围。

（二）教师教学工作的改进

1. 教学理念与理论的更新

现代教学理念与教学理论的发展对于高校教师提出了更高的要求。高等师范院校教师不只是知识的传播者，更是教育人才的培养者。教师的教育活动如果没有先进的教学理念与理论的指导，所培养出的教育人才质量就不能保证。

专业英语教师应该认识到英语学习的复杂性。学习活动牵涉面广，影响因素众多，仅仅有个笼统的认识是不够的。因此，我们要认识到，英语教育远比简单地组织一些有趣的英语学习活动或让学生的英语学习变得有趣复杂得多。老师必须能够施教不同的学生，他们必须对教学理念、教学方法等非常熟悉。在教学中，他们必须了解学生的身心条件、学习习惯或策略及学生所处的社会环境，同时，要向学生学习，了解促进学生英语学习的因素。从教学成功的角度出发，老师还应该探究学生的情感因素，更多地关心学生的心理状况。只有这样，才能真正实现“教学相长”。

2. 教学方法与模式的多样

教学方法和模式的改革是现代教学改革的热点。近年来，在英语教学方面涌现出许多具有创新性的教学方法，极大地促进了英语教学质量的提高。我们通过总结调查问卷显示出的问题，提出几种可行性较高、效果较好的教学方法作为参考。

英语教学中要注重多边互动。原有的教师-学生的单向教授模式已经不能顺应英语教育发展的潮流，在教学过程中，应提倡学生与学生、老师与学生的多边互动。教师应大量采用角色扮演、游戏、讨论等方式活跃教学，尤其是在口语、听力等需要大量听说练习的课程中。

注重合作学习和个别培养。合作学习是一种行之有效的学习途径，合作可以使学生集思广益、相互切磋、积极竞争，从而达到提高教学效果的目的。此外，由于学生英语基础差异明显，个人擅长方面各有千秋，教师在教学中还要注意因材施教，发扬个人优势方面的同时，留心弱势方面，从而能够抓住主要缺陷，有针对性地进行个别教学。

注重多种教法特别是先进教法的使用。教育过程是复杂的，教育内容十分丰富，多种教法的综合运用可以达到最佳的教学效果。在教学过程中注重对多媒体设备及实践性教学(如学生自主授课)等教学方法和手段的使用对于学生英语学习的效果和英语水平的提高大有裨益。

(三)学校教学管理的完善

1. 优化专业课程设置

现阶段高师英语专业课程设置已经基本合理，国内高师英语专业各专业课设置也大同小异，总体上能够很好地满足英语专业学生各方面素质能力的提升。但针对调查问卷中出现的问题，以及被试所反映的课程设置改进意愿，我们建议：

(1)应适当提高基础阶段口语听力等涉及英语交际领域的课时。我国英语专业学生学习障碍主要表现在英语交际方面，而充足的课时教学是保证学生交际能力提高的重要手段。

(2)增加中西文化差异学习的课时。面对全球化趋势越来越深入的现状，中西文化交流成为外语应用领域的重要方面。而相当一部分的学生对英语国家的社会文化知之甚少，更不用说进行中西文化差异的比较和研究。课时的增加可以帮助学生在此方面的能力进一步提高。

(3)增加外教授课比例。真实的语言情景是英语学习提高最为有效的途径。现阶段高师院校的外籍教师资源远未达到营造真实语言环境的要求。增加外教授课课时可以进一步激发学生学习英语的兴趣，培养其与以英语作为母语国家人士交流的信心。

2. 改善教学管理手段与技术

先进的教学设备与技术能极大促进英语学习效率的提高。目前，我国高师院校的英语先进教学设备还处于普及阶段，许多高新技术手段还未真正被运用于英语教学中。专业教师对这些设备及技术的使用还有待提高。教育管理者应加大投资力度，多途径多方面地引进先进教学设施，如网络远程教学、电子平板教学、多媒体模拟课堂等；同时要大力促进已有设备的使用，开放对英语学习有所帮助的所有教学设施，鼓励教师及学生积极利用丰富的教学资源以提高他们的教学及学习水平，真正做到物尽其用。

◎ 参考文献

[1] [美]柯克. 特殊儿童的心理教育[M]. 汤盛领，译. 天津：天津教育出版社. 1989：10.

[2] 陈栩，郭斯萍. 国外学习困难学生研究综述[J]. 教育科学研究，2006(6)：37-39.

[3] 张树东，高潇怡. 美国学习障碍概念的新发展及其启示[J]. 比较教育研究，2015(9)：91-96.

[4] [6]梁威. 国内外学习障碍研究的探索[J]. 教育理论与实践，2007(11)：57-60.

[5] 徐盼盼. 国内外成人学习障碍比较研究[J]. 继续教育研究，2013(10)：154-157.

[7] 陈栩，雷万胜. 20年来国内学习困难学生研究综述[J]. 河南职业技术师范学院学报(职业教育版)，2006(1)：103-106.

[8] 赵广平. 英语学习障碍分析及解决方法[J]. 湘潭师范学院学报(社会科学版)，2008(11)：170-172.

[9] 王英莉，贾珍霞. 自我效能理论在大学生英语学习障碍干预研究中的中介作用[J]. 英语教师，2017(9)：6-9.

[10] 谢娜，夏炎青. 英语学习者的心理障碍及其消除[J]. 阜阳师范学院学报(社会科学版)，2005(2)：114-116.
[11] 吕万英. 壮族大学生英语学习的障碍因素调查[J]. 中南民族学院学报(哲学社会科学版)，1999(4)：119-121.
[12] 郭林花. 壮族学生英语学习障碍的社会语言原因初探[J]. 中南民族学院学报(人文社会科学版)，2000(1)：118-121.
[13] 王静. 少数民族大学生英语学习障碍及对策研究——以藏族大学生为个案[J]. 中国成人教育，2012(16)：116-117.
[14] 蒋燕. 贵州少数民族大学生英语学习障碍探讨[J]. 贵州民族研究，2013(3)：203-206.
[15] 黄影妮，邓杏华. 少数民族地区学生英语学习情感障碍分析与对策[J]. 宁夏大学学报(人文社会科学版)，2008(3)：176-178.
[16] 王方. 从英语听力理解本质透视听力学习障碍[J]. 西北大学学报(哲学社会科学版)，2008(3)：144-147.
[17] 顾晓艳. 浅谈英语听力理解障碍与听力训练方法[J]. 西南民族大学学报(人文社科版)，2009(5)：100-102.
[18] 李川. 大学英语听力理解障碍与听力策略训练[J]. 江苏社会科学，2011(1)：206-209.
[19] 张省林. 英语写作心理障碍及其调适——过程写作法教学中的积极情感因素培养[J]. 外语与外语教学，2005(5)：24-27.
[20] 冯群. 开放教育环境下英语专业学生二语写作障碍研究[J]. 开放教育研究，2012(5)：97-103.
[21] 郭艳玲. 大学生英语学习障碍因素探究[J]. 辽宁行政学院学报，2007(9)：214-215.
[22] 井维华，李如密. 教育学教程[M]. 济南：山东电子音像出版社，2006：103.
[23] 陈清，孙丙堂. 大学英语自主学习障碍及对策[J]. 河北工程大学学报(社会科学版)，2008(25)：118-119，112.
[24] 佟智慧. 克服英语学习障碍，改进学习方法[J]. 辽宁师专学报(社会科学版)，2003(3)：65-66.

·教育调查·

我国台湾地区小学《国语》教科书中传统文化的呈现特征及融入策略

——以台湾康轩版小学《国语》教材为例

杜金兰[1]　王班班[2]

(1 武汉大学　教育科学研究院　湖北　武汉　430072；2 成都师范学院　四川　成都　611130)

摘　要：教科书作为传统文化的重要载体，对推动文化传承具有重要作用。本文利用内容分析方法和统计手段对我国台湾地区康轩版小学《国语》教科书中的传统文化内容进行频次统计和分布分析，挖掘其中传统文化的呈现特征，梳理和探索教材中传统文化的融入策略。研究表明，康轩版《国语》教科书中传统文化的内容呈现规范化、多样化、生活化、本土化等特征，其呈现方式多样新颖，符合学生的认知发展规律，趣味性强、插图美观，但是也存在着对古代科学技术的关注度太低、范文与导语的传统文化内容连贯性较差等不足。需要在以后的教材编写中注意传统文化融入教科书的选择、定式化、组织等策略。

关键词：教科书；《国语》；传统文化

The Characteristics and Integration Strategies of Traditional Culture in the "*Mandarin*" Chinese Textbooks of Elementary Schools in Taiwan

—Take the Textbook of "*Mandarin*" in Taiwan's Kangxuan Edition as an Example

Du Jinlan[1], Wang Banban[2]

(1. Research Institute of Education Science, Wuhan University, Wuhan, Hubei, 430072;

2. Chengdu Normal University, Chengdu, Sichuang, 611130)

Abstract: As an important carrier of traditional culture, textbooks play an important role in promoting cultural inheritance. This paper uses content analysis methods and statistical methods to carry out frequency statistics and distribution analysis of traditional culture contents in the mandarin textbooks of Kangxuan elementary school in Taiwan, dig out the presentation features of traditional culture, and sort out and explore the integration strategies of traditional culture in the textbooks. The study shows that the content of traditional culture in Kangxuan version of the "national language" textbooks is characterized by standardization, diversification, life-oriented, localization and other characteristics, the present methods are various and novel, and accords with the cognitive development law of student, interesting, and beautiful illustrations. However, there are also some deficiencies such as low attention to ancient science and technology, poor coherence of traditional cultural contents in model texts and guides and so on. It is necessary to pay attention to the

---

收稿日期：2018-09-29

作者简介：杜金兰(1995—　)，女，湖北黄冈人，武汉大学教育科学研究院硕士研究生，主要研究方向：课程与教学论、教材开发与管理。王班班，(1992—　)，女，汉族，四川渠县人，武汉大学教育科学研究院硕士，成都师范学院教师，主要研究方向：课程与教学论、教材比较。

selection, formulation, organization and other strategies of integrating traditional culture into textbooks in future textbook compilation.
Key words: Textbooks; Mandarin Chinese; The traditional culture

教科书是传承、发扬中华优秀传统文化的重要阵地，是培养学生民族自豪感、传统美德的重要途径。我国台湾地区的中小学教材一直都非常注重对中华传统文化的传承和教育，特别是由康轩图书出版集团出版的一系列教科书，其传统文化的融入和呈现较为成熟和全面，得到了学界的高度肯定，具备很好的范例条件。本文将以台湾地区康轩版的小学《国语》教材为例，使用文本分析和统计的方法对其中的传统文化呈现进行研究和梳理，并在此基础上探索康轩版教材传统文化呈现的经验、不足和策略，以期为其他教材的编写和研究提供参考。

一、康轩版《国语》教材中传统文化的内容

语文教材研究通常是分为正文研究、助读研究和插图研究这几个部分，这是由语文教材的编写体例所决定的。我们通过分组通读编码对照的方法对全套12本教科书进行了认真研读，分别从导语系统、范文系统和插图系统三个维度对康轩版《国语》教材中的传统文化内容进行统计分析。

1. 导语系统中的传统文化内容

导语系统是语文教学的起点，它是一种具有导学性质的文字，是促进学生有效进行自学活动的提示性文字或图表，集中体现了教科书编者对一个单元内容的整体设计意图，承载着各个单元的主要教学目标、学习方法等重要因素，同时也是落实整套语文教科书编写理念的重要渠道。

通过研读和统计我们发现，全套教材的12本书中，共有导语164处，其中包含传统文化内容的有24处，共34次(存在一处导语包含多次传统文化内容)，占到总量的14.6%。

从内容分布来看，导语中涉及的传统文化内容包括：①古代文学：如历史人物故事、诗歌、寓言故事、小说；②传统生活方式：服饰、饮食；③传统礼仪习俗：节日、庆典、传统游戏；④古代艺术：绘画、雕塑、建筑；⑤古代科学技术：工艺；⑥传统伦理道德：仁爱、刚直、勇敢、廉耻、勤俭。这些内容在各年级的分布频次如表1所示。

表1　　导语中不同传统文化要素出现频次在不同年级的分布统计表

年级 传统文化要素	一年级		二年级		三年级		四年级		五年级		六年级		总数
	上	下	上	下	上	下	上	下	上	下	上	下	
古代文学	0	0	0	0	0	0	1	0	2	2	4	0	9
古代艺术	0	0	0	0	1	1	1	0	0	0	0	0	3
传统礼仪习俗	0	0	1	0	1	0	0	2	0	0	0	0	4
传统生活方式	0	0	2	1	0	0	1	2	0	0	0	0	6
古代科学技术	0	0	0	1	1	0	0	0	0	0	0	0	2
传统伦理道德	0	0	0	0	1	1	2	3	3	0	0	0	10
总数	0		5		6		12		7		4		34

从表1中看，康轩版《国语》教科书的传统文化内容在导语部分中出现的次数较少，而且呈现出年级

不均衡的特点。具体来说：

(1)导语中传统文化内容的缺失。导语中各传统文化要素出现的总频次仅为 34 次，占比 14.6%，表现出频次不高的特征。其中一年级及六年级下册的统计结果均为 0，显示此部分传统文化内容严重缺失。这可能与导语篇幅较短，传统文化内容很难完整体现有关。

(2)传统文化内容峰值出现在四年级，低值出现在一年级。传统文化内容在四年级出现的次数最多，高达 12 次；在一年级最少，为 0 次。出现这种差异可能由于四年级有涉及传统文化内容较多的“人物写真”和“文化广角镜”两大主题，同时，学生进入中高年级后，认知发展有所提高，相对能接受更多的传统文化内容。

(3)二、三、五年级传统文化出现的频次相近。在二、三、五年级导语中传统文化内容出现的频次相近，这与范文中出现的趋势是一致的。导语的内容可以看作范文内容的凝练和提示，两者相关性很高，当范文中出现传统文化时，导语中也可能相伴出现，故而出现的频次也比较相近。

2. 范文系统中的传统文化内容

范文即课文、选文，是编者教育价值理念及其所处时代教育主导思想的直接承载者，还是学生掌握与获取语文相关知识的重要途径和桥梁。范文系统是语文学科的主体，在语文教科书的四大系统中处于中心位置，能够为学生提供示例、帮助学生熟悉并掌握听说读写规律、对学生进行思想教育、审美教育和文化教育。通过研读和统计我们发现，全套教材的 12 本书中，共有范文 138 篇，涉及 11 种不同的体裁，其中有 87 篇包含传统文化的内容，占到总量的 63.0%。

为了完全展现文章中包含的传统文化内容，我们将范文系统中的传统文化分为外显的传统文化以及内隐的传统文化分别讨论。从内容分布来看，138 篇中包含外显传统文化内容的范文有 34 篇，占总数的 24.6%，包括历史人物故事、诗歌、小说、成语典故、寓言故事、神话、格言；剪纸、雕塑、建筑、布袋戏、相声；节日、宾礼、祭祀、庆典；工艺、四大发明；饮食；分别分属于古代文学、古代艺术、传统礼仪习俗、古代科学技术、传统生活方式。范文中内隐的传统伦理道德的内容可以总结为：公忠、仁爱、诚信、廉耻、礼让、孝慈、勤俭、勇敢、刚直等内容。在各个年级的分布呈现如表 2 所示。

表 2　　范文系统中各传统文化要素的分布表

年级 传统文化要素	一年级		二年级		三年级		四年级		五年级		六年级		总数
	上	下	上	下	上	下	上	下	上	下	上	下	
古代文学	0	0	2	1	1	1	1	0	3	4	3	1	17
古代艺术	1	0	0	0	4	0	0	1	0	0	0	1	7
传统礼仪习俗	1	0	1	0	1	0	1	1	0	0	1	0	6
传统生活方式	0	0	1	0	2	0	2	0	0	0	1	0	6
古代科学技术	0	0	0	0	1	0	0	0	0	0	1	0	2
传统伦理道德	2	2	8	8	7		8	8	7		14		79
总数	6		21		22		22		19		28		117

范文系统中的传统文化呈现如下特征：

(1)传统文化在六年级呈现得最多，达到 28 处；在一年级最少，仅 6 处。出现这种巨大的差异，和学生的认知发展特点是分不开的：一年级更多的教育内容是与其生活实际经验相结合的，因此教科书中传统文化的体现相对较少。而六年级的学生知识经验已经积累到了相对丰富的程度，思维方式也从具体形象思维向抽象逻辑思维转变，因此这一阶段范文中的传统文化在体现数量和形式上都有着巨大的增加。

(2)二至五年级的传统文化内容数量较多且相对持续。《国语》教科书二至五年级，每一年级传统文化的数量都相对稳定，主要集中在 20 个左右，可见教科书中传统文化内容的渗透并非一曝十寒，也并非毫无规律。

(3)传统伦理道德内容在六个年级皆占主要地位。在《国语》教科书的二、四、六三个年级中，传统伦理道德的内容达到了 14~16 篇，占各自年级传统文化内容总数的 50%~70%。可见无论在哪个年级传统伦理道德内容都是范文的主要关注点。

3. 插图系统中的传统文化内容

插图是语文教科书的有机组成部分，是重要的语文教学资源。插图以自身的直观性、多样性等特点发挥着文字所无法替代的功能，让教科书中内容的呈现方式更加灵活，不仅为教师的教学带来更多的可供操作的富有吸引力的资源，也为学生的自学带来了具有参考性的辅助材料。

通过研读和统计我们发现，全套教材的 12 本书中，共有插图 692 幅，传统文化共出现 146 次，占到总量的 21. 1%。插图中涉及的传统文化内容有：传统服饰、传统饮食、传统建筑、传统出行方式、觐见礼、祭祀、拱手礼、节日、庆典、布袋戏、传统建筑、折纸等。在各个年级的分布呈现如表 3 所示。

表 3　**插图中不同传统文化要素出现频次在不同年级的分布统计表**

年级 / 传统文化要素	一年级		二年级		三年级		四年级		五年级		六年级		总数
	上	下	上	下	上	下	上	下	上	下	上	下	
古代文学	0	0	4	0	0	0	0	0	1	0	0	0	5
古代艺术	0	2	0	0	2	0	0	2	0	0	0	2	8
传统礼仪习俗	3	0	4	0	2	0	1	2	3	0	1	0	16
传统生活方式	0	0	9	3	18	3	5	10	12	13	20	1	94
古代科学技术	0	0	0	0	4	0	0	0	0	1	0	0	5
传统伦理道德	0	0	3	10	2	2	1	0	0	0	0	0	18
总数	5		33		33		21		30		24		146

从表 3 中看，康轩版《国语》教科书的传统文化内容在插图部分中出现的次数较多，具体来说：

(1)一年级插图中传统文化内容较少。从传统文化出现频次来看，一年级的插图中传统文化仅出现 5 次，这与一年级《国语》教科书的范文和导语系统中传统文化内容的呈现趋势一致。

(2)插图中传统生活方式内容最多，几乎贯穿整个小学。插图中有关传统生活方式的内容高达 94 次，是所有类型中最多的。除一年级之外，每个年级的插图中都有传统生活方式的内容。这是因为传统生活方式包含衣食住行等各个方面，涉及范围很广。

(3)二、三、五年级传统文化出现的频次比较相近。二、三、五年级插图中传统文化出现的频次比较相近，均为 30 左右。由于插图与范文内容具有较强的相关性，两者中的传统文化分布规律会呈现出一定的相似性。

二、康轩版《国语》教材中传统文化的呈现特征

传统文化内容丰富，在教科书中常会呈现出不同的特点，我们通过对《国语》教科书中的传统文化内容进行频次统计和分布分析，在了解了《国语》教科书包含的传统文化内容的基础上对其进一步分析，归纳总结出了教科书中传统文化内容的呈现特征，发现传统文化呈现出规范化、多样化、生活化、本土化等特点。其中部分传统文化由于内容处理比较新颖，呈现方式比较有趣成为传统文化融入教科书的亮点，但不可忽视的是《国语》教科书中传统文化的融入也存在一些不足之处。

1. 规范化

《国语》教科书中传统文化的规范化体现在以下两个方面。一方面，传统文化的内容符合我国台湾地区《语文课程纲要》的基本目标要求。《语文课程纲要》的课程目标中明确提出了“提升学生的文学欣赏能力，以体认中华文化之精髓”的目标。《国语》教科书中融合了多种传统文化内容，以便学生学习和体会中国传统文化的博大精深。另一方面，传统文化内容的组织遵循教科书内容组织的基本原则。台湾学者詹栋梁曾对教科书的内容选择提出了重视历史文化、重视民族文化的原则。[1]通过统计研究，我们发现《国语》教科书纳入了许多能够反映历史文化和民族文化的内容，如传统礼仪习俗、古代艺术等。《国语》教科书中的传统文化内容符合台湾《语文课程标准》的基本要求也满足教科书内容组织的基本原则。

2. 多样化

《国语》教科书中传统文化的多样化体现在：传统文化内容的多样以及传统文化呈现方式的多样。就内容的多样化而言，表现为传统文化内容的种类多。范文中涉及的传统文化共有 29 种，包括外显的传统文化内容 20 种，内隐的传统伦理道德 9 种；助读系统中涉及的传统文化共有 18 种。两大系统中不仅有常见的诗词、节日，还涉及不太常见的布袋戏、相声等内容。多样的传统文化能够为教师的教学提供丰富的素材，同时能够丰富学生对传统文化的认识。就呈现方式的多样化来说，表现为呈现位置的多样和载体的多样。同样的传统文化内容不仅在不同的系统中呈现，还以不同的方式呈现。如传统伦理道德的内容在范文系统和助读系统中均有所涉及，不仅以文字的形式呈现，还以图片的形式呈现。

3. 生活化

《国语》教科书中传统文化的生活化体现在：传统文化内容贴近生活，传统文化常出现在生活化的情境中。《国语》教科书中的传统文化内容并非完全以古代文学为主，还涉及大量的有关传统生活方式、传统礼仪习俗的内容，这些内容与学生的日常生活息息相关，不仅能够帮助学生理解传统文化，还能激发学生的学习兴趣。同时，传统文化内容的呈现并不刻板，常常会在家庭、学校等生活化场景中出现，这些情境与学生的生活高度相关，不仅能够帮助学生更快、更好地学习传统文化内容，而且有利于学生快速掌握学习内容。

4. 本土化

《国语》教科书中传统文化的本土化体现在两个方面。首先，《国语》教科书选取了大量台湾地区本土特有的传统文化内容，如将台湾特有的卑南族年祭、办桌、米食、九曲巷、布袋戏、巴拉告等内容放入教科书中。这些内容与学生的生活背景相关性高，不仅有利于学生快速理解、记忆传统文化的内容，而且有利于地方传统文化的传承。其次，《国语》教科书将传统文化内容进行了本土化处理。部分传统文化

内容融入教科书时，编写者会对其进行组合、改写和变换，以满足传统文化的传承需要以及本土学生的学习需求。如对诗词进行组合学习，将成语故事白话文化，将相声作为范文体裁。这些都是台湾地区教科书编写者在选择传统文化内容之后，为本土化而进行的特殊处理。

我们通过对《国语》教科书中的传统文化内容进行频次统计和分布分析，发现传统文化除呈现出规范化、多样化、生活化、本土化的特点外，还发现了《国语》教科书在导语系统、范文系统和插图系统中的三大主要亮点，即内容处理比较新颖，呈现方式比较有趣，符合学生的身心发展及认知规律。

首先，《国语》教科书融入传统文化的形式新颖。例如为了让学生了解作为传统曲艺的具体形式之一，但在日常生活中已经较为少见的相声，《国语》教科书就将范文内容以相声的形式展现，通过阅读课文，学生能够直接体会相声表演，让学生通过角色扮演亲身实践相声，在角色分工和语言表达中感受传统曲艺的魅力。这种呈现方式开拓了传统文化融入教科书的新途径，让传统文化不再只是教科书的呈现对象，还可以是教科书的呈现手段。其次，传统文化内容的呈现方式多样，除了有简单的文字介绍，还有图片展示，如人物肖像图、实物图、装饰图、自然景观图等。除了文字和图片外，《国语》教科书中还使用了例如“文字竞猜”一类较为轻松的引导方式提升学生对传统文化的关注。如在二年级上册“欢乐的节庆”这一单元的导语中，通过呈现各种有关节日的谜语和场景，让学生去推断传统节日的名称和时间，相较于普通的文字或单独的图片，这种方式更加有趣，更能激发学生的参与热情。最后，传统文化内容的呈现分布由少到多，由易到难，符合学生的身心发展规律。在低年级，《国语》教科书中传统文化内容出现频率较低，多出现与生活相关的能体现传统文化内容的节日等。而学生进入中高年级后，教科书中传统文化内容出现的频率变高，这一阶段有关古代文学及传统伦理道德的内容相对其他年级更多。

对《国语》教科书中传统文化内容进行分析后，我们发现虽然《国语》教科书比较全面和成熟地融入和呈现了传统文化，但还是存在一些不足。例如，有关古代科学技术的内容在《国语》教科书中很少涉及，古代科学技术在范文和助读系统中出现的频次都是最低的。范文中古代科学技术仅出现 2 次，而导语中出现 2 次，插图中出现 5 次，这可能是因为编写者对古代科学技术的关注度不高。古代科学技术的内容较少，也导致学生对古代科学技术的认识不足。与此同时，《国语》教科书中范文系统和助读系统中传统文化内容的连贯性还存在一些问题，涉及传统文化的范文共有 87 篇，而在导语中涉及传统文化内容的导语仅有 24 处，对比后发现，7 成包含传统文化的范文其导语不涉及传统文化内容，作为教科书内容重要的组成部分，传统文化内容在各系统之间的连贯性对于促进学生的学习具有极强的影响。

三、康轩版《国语》教材中传统文化的融入策略

1. 传统文化内容的选择要注重代表性、多样性、适切性

由于教科书本身具有工具性、教学性的特征，同时教材的篇幅由于受到课时和学生学业负担的限制，容量有限，因此在将传统文化内容融入教科书时需要对传统文化进行选择。

第一，挑选具有代表性的传统文化内容。传统文化内容丰富，融入教科书中的传统文化内容必须具备一定的代表性，才能够给学生留下深刻印象。代表性要满足两个基本的条件：首先，要符合主流价值观；其次，能够反映古时人们的智慧、情感，具有一定的教育意义。第二，挑选多样的传统文化内容。不同的传统文化内容，对学生的影响可能有所不同，我们在选择时应该尽量避免教科书中出现传统文化内容单一的问题。第三，挑选不同深度的传统文化内容。随着年龄的增长，学生的认知能力是不断发展的。在教材中融入传统文化的内容需要根据学生的具体情况不断提升要求，让学生深化对传统文化的理解，甚至提升到应用层次。因此，在选择传统文化内容时，应当注意选择具备不同深度的传统文化内容

以便学生在不同阶段进行学习。

2. 传统文化内容的编写要注重学科特性和认知特性

编写的过程实际上就是将挑选好的传统文化内容进行改造(可能包括删减、改写等处理)，以适应学生的学习。而删减和改写等处理的过程必须遵循教科书内容选择的原则，要符合教科书的学科特性，同时也要符合学生的认知特性。

第一，遵循教科书内容的编写原则。语文教科书在编写时须遵循时代性、适应性、可读性与可教性等原则。[2]具体来讲，即教科书中的内容必须能够反映具有时代特征的生活与文化，适应学生的发展需求，既具有一定的教育意义，又要精要、好懂、有用。传统文化内容可以在兼顾教育性的情况下，以更适合学生阅读的方式呈现。第二，考虑教科书的学科特性。影响教科书内在质量的重要因素是其内容的学科性及教育性。为了保证教科书的质量，传统文化内容融入时要重视与学科性质相契合。同时，要注意教科书的基本教育性质，对传统文化的内容进行改写或删减时不仅要考虑文化的传承，更应适应学生的学习，传统文化内容中的教育性应该得到更多关注。第三，符合学生的认知发展规律。传统文化内容想要成为教科书中的一部分，需要合理控制传统文化的难度，将不同难度的传统文化内容按学生的认知规律呈现。除此之外，为了激发学生的学习兴趣和动机，还可以对传统文化内容进行生活化、本土化、趣味化的处理。

◎ 参考文献

[1] 傅建明．教科书价值取向研究：人教版小学《语文》教科书分析[M]．北京：中国社会出版社，2004：13-15.

[2] 刘永康．语文课程与教学新论．[M]．北京：高等教育出版社，2011：441.

[3] 洪晓雪．台湾翰林版高中国文教材中的传统文化分析[D]．北京：中央民族大学硕士学位论文，2015(4)：10-13.

[4] 金磊．新世纪台湾小学国语教材(翰林版)研究[D]．上海：上海师范大学硕士学位论文，2007：17-40.

[5] 郑宇．台湾小学《国语实验教材》特色简析[J]．课程·教材·教法，2010(3)：97-102.

[6] 李墨．八套小学《语文》教材中传统文化教育要素的比较研究[D]．杭州：浙江师范大学硕士学位论文，2013：12.

·专论与综述·

我国智慧校园学术期刊论文的内容分析研究*

韩立龙

(武汉大学 教育科学研究院，湖北 武汉 430072)

摘 要：目前，智慧校园已经成为教育信息化领域的研究热点。为了准确把握我国智慧校园的研究现状和趋势，以2010—2017年中国知网上有关智慧校园的学术期刊论文为研究样本，对其进行内容分析。样本论文的数量、内容、逐年的研究重点以及作者是重点分析的四个维度，对分析中发现的问题进行了反思，希望能促进智慧校园理论和实践的健康发展。

关键词：智慧校园；样本论文；内容分析

The Research of Content Analysis about the Academic Journal Articles in the Intelligent Campus of China

Han Lilong

(Research Institute of Education Science, Wuhan University, Wuhan, Hubei, 430072)

Abstract: Recently, intelligent campus has become a hot spot in the field of the educational informationization. In order to accurately grasp the research status and trend of China's intelligent campus, content analysis was conducted based on the academic journal papers about intelligent campus published on CNKI from 2010 to 2017. The number, content, annual research emphasis and the author were the four dimension needed to be emphatically analyzed, and the problems found in the analysis were reflected in the hope of promoting the healthy development of the theory and practice of intelligent campus.

Key words: Intelligent campus; Sample paper; Content analysis

一、问题的提出

2010年，浙江大学作为国内智慧校园的拓荒者，率先公开发布了建设智慧校园的白皮书，明确描述了该校智慧校园建设的远景规划与目标[1]，白皮书一经发布，就立刻引起了国内外研究单位与学者的密切关注。到2017年12月31日，在中国知网上关于智慧校园有效的学术论文数量达到1175篇。

在这1175篇学术论文中，对于智慧校园的本质与特征，不同领域的专家思考的角度各不相同。物联

收稿日期：2018-05-16

基金项目：本文为武汉大学自主研究项目“智慧校园关键问题研究”(项目编号：250000099)的阶段性成果。

作者简介：韩立龙(1970—)，男，湖北鄂州人，武汉大学教育科学研究院教育技术研究所所长，副教授，博士，研究方向为计算机辅助教学。

网技术专家强调智慧校园的感知能力，认为物联网是智慧校园的基础，物联网的感知能力是智慧校园信息化应用的先决条件[2]。云计算专家则认为教育云平台是智慧校园的底层支撑，能实现用户界面、业务流程和系统数据整合，为学校师生提供了统一信息服务[3]。教育技术学专家认为智慧校园是基于新型网络技术构建的智能教育教学环境，应更多考虑技术的特点，突出应用和服务[4]。

智慧校园的本质与内涵究竟是什么？智慧校园环境的构建标准是什么？智慧校园的主要功能与服务模式是什么？这些问题在已有的研究成果中没有统一的答案。基于这个原因，本文希望对2010—2017年间所有研究智慧校园的学术论文（包括博、硕士论文）进行内容分析，了解当前智慧校园的发展状况，弄清智慧校园研究的趋势，找寻这些研究存在的不足，为未来智慧校园的理论与实践研究提出一些启示，期望智慧校园的发展能最大限度地提升学校的教学、科研和管理水平。

二、研究思路

1. 研究方法

本文使用内容分析法对我国2010—2017年所有智慧校园的有效期刊论文进行分析，主要目的是对我国所有智慧校园的期刊论文进行客观、系统、定量的描述，并对所得的各项统计数字，进行必要、客观的说明[5]。

选择内容分析法对我国已经取得的关于智慧校园研究成果的现状和趋势进行定量分析，具体的操作过程严格遵循内容分析法一般标准步骤，实施过程则是参照李秉德教授所编《教育科学研究方法》一书中第十二章有关内容分析法的基本准则。

2. 样本获取

从2010年到2017年的8年间，智慧校园的理论与应用蓬勃发展，在我国各级各类学术期刊上发表的论文也不少。本文所有的样本都来自于中国知网，检索项目为“关键字”，检索关键词为“智慧校园”，并采用“精确匹配”的检索方式，样本论文的发表时间为2010年1月到2017年12月。考虑到纸质期刊论文导入中国知网3个月左右的延时性，样本论文的统计时间为2018年3月底4月初，这样就能保证样本论文统计的完整，具体数据如表1所示。

表1　　样本论文数量统计

年份	2010	2011	2012	2013	2014	2015	2016	2017	总数
篇数	2	11	42	70	113	177	294	466	1175

3. 分析维度及具体栏目

对样本论文的分析从四个维度展开，分别是：样本数量、研究领域、逐年研究重点、论文作者。在这四个维度中，研究领域的分析是重点。在设计研究领域的具体栏目时，依据自身的研究目标，首先参照黄荣怀教授提出的智慧校园是“智慧学习环境”的观点[6]，其次借鉴蒋东兴研究员对智慧校园参考模型的描述[7]，总结出研究领域的五大类：分别是(1)智慧校园理论研究；(2)智慧校园关键技术研究；(3)智慧校园体系架构研究；(4)智慧校园应用研究；(5)智慧服务研究。每一栏目又分为若干子栏目，如表

2 所示。

表 2　**研究内容统计结果**

内容分类		篇数	总计(百分比)
智慧校园理论研究	基础理论研究	145	323 (27.5%)
	发展趋势与现状	178	
智慧校园关键技术研究	高速移动互联网技术	41	171 (14.6%)
	物联网技术	63	
	云技术	67	
智慧校园体系架构研究	智慧校园技术体系构建	114	301 (25.5%)
	智慧校园平台构建	95	
	智慧校园安全体系构建	82	
智慧校园应用研究	教学领域应用	165	285 (24.3%)
	科研领域应用	63	
	管理领域应用	57	
智慧服务研究	基于物联网的校园安全与监控服务	28	95 (8.1%)
	基于一卡通的校园生活服务	32	
	基于大数据的个性化学习服务	35	
共计		1175	1175 (100%)

4. 内容分析的信度

为了保证本次研究的真实可信，必须对信度进行分析。内容分析法的信度是指多个研究者在相同维度的约束下，对相同内容材料的一致性进行评判，一致性越高，其分析的可信度越高，反之亦然[8]。

本研究的统计分析人员有 3 人，即笔者和另外两名辅助研究人员，分别记为 a，b 和 c。利用信度计算公式 $R = n \times K / [1 + (n-1) \times K]$ 来计算信度[9]，其具体的操作过程参照文献 10，由于篇幅限制，这里忽略了计算过程。通过对 3 名统计分析人员的数据分析，得到 $R = 0.915$。通常，当信度大于 0.9 时，则认为内容分析的信度可以接受。

三、内容分析结果

1. 样本论文数量情况

(1)论文数量趋势分析。2010 年，我国的学术期刊上首次出现了 2 篇关于智慧校园的研究论文，在随后的 7 年中(2011—2017 年)，每一年的论文数量较前一年都是大幅增长。例如 2011 年是 2010 年的 5 倍多，2012 年是 2011 年的近 3 倍，2013 年是 2012 年的近 2 倍，2014 年是 2013 年的 1.8 倍，2015 年是 2014 年的 1.5 倍，2016 年是 2015 年的 1.7 倍，而到了 2017 年底，全年论文竟然达到了 466 篇，是 2010 年的 233 倍，是 2014 年的 4.2 倍。

从趋势上看，在未来的相当一段时间内，智慧校园的相关研究还将成为热门的研究领域。2014 年以前，智慧校园的研究主要集中在智慧校园的理论、关键技术、应用实践等的探索阶段。2014 年以后，研究的领域向着智慧校园的体系架构、智慧服务、文化创新等更深层次延伸，不论在教育界还是在企业界，智慧校园都被强烈看好。

(2)重要期刊来源论文分析。为了进一步了解我国智慧校园的发展状况与水平，对发表在 CSSCI 检索源期刊(包括扩展版)和全国中文核心期刊的论文数量进行了统计，总共36 篇，如表3 所示。在这36 篇论文中，涉及 13 种重要期刊，论文数量排名前 5 的分别是《中国电化教育(9 篇)》，《现代教育技术(7 篇)》，《电化教育研究(5 篇)》，《远程教育杂志(5 篇)》和《开放教育研究(2 篇)》，这 5 本杂志总篇数为 28 篇，占总数的 77. 8%。

表 3　**重要期刊论文统计数量**

年份	2011	2012	2013	2014	2015	2016	2017	总数
篇数	2	6	3	4	8	6	7	36

统计数据显示，每年重要期刊的论文数量相对平稳。其中《现代教育技术》和《中国电化教育》对智慧校园的关注度最高。《现代教育技术》除了 2014 年之外，每一年至少有一篇关于智慧校园的研究成果。而《中国电化教育》则是在 2014 年首次关注智慧校园研究，当年便有 3 篇有关的研究成果，占到当年重要期刊论文总数的 75%，一直到 2017 年底，每年都刊出 2 篇的研究论文。另外《电化教育研究》和《远程教育杂志》对智慧校园的关注度也不低，分别有 5 篇，且论文分布均衡，大概平均每年 1 篇。

2. 样本论文内容分析

本文将智慧校园的研究分为智慧校园理论、智慧校园关键技术、智慧校园体系架构、智慧校园应用、智慧校园服务等 5 大领域，并对 1175 篇有效的样本论文进行归类，统计结果显示：

(1)智慧校园的理论研究得到全国相关领域的研究人员的高度重视，其样本论文比率达到 27. 5%。这也充分说明任何领域的研究都不能缺少理论研究，所有的关于理论研究的样本主要集中在智慧校园基础理论与智慧校园发展趋势与现状两个方面，且样本数量大体相当。它们对智慧校园的定义、特征、形态、发展趋势等都做了充分的分析。

(2)对于智慧校园关键技术的探讨，比例达到 14. 6%。不断涌现的先进技术是数字校园向智慧校园发展的重要推手，智慧校园涉及的技术很多，其中最为关键的有三个方面：物联网技术、高速移动互联技术和云技术。这三项关键技术解决了校园信息的获取、传递和运算问题，是智慧校园最核心的技术支撑。

(3)智慧校园体系架构研究，比例达到 25. 5%，在所有的智慧校园研究领域，数量排名第二。对智慧校园体系架构的研究分为三个层次：首先，智慧校园技术体系构建关注校园信息的感知、获取、传递、分析、运算等环节；其次，智慧校园平台构建则提供人与校园的交互接口，从而满足智能感知、师生服务、校园管理等实际需求[10]；最后，智慧校园安全体系构建则能保证各种应用、服务的稳定、安全和高效。

(4)智慧校园应用研究的比例为 24. 3%。智慧校园的应用领域十分宽泛，但最重要的应用环节则是集中在教学、科研、管理等三个方面。基于大数据对校园的运营管理、资源调度、业务活动等做出决策，让其智能化地服务于教学、科研和管理，为全校师生学习生活和学校管理提供功能性服务，让智慧型应用全面、深入地展开[11]。

(5)智慧服务研究的比例为8.1%，略显单薄。智慧校园理论和实践尝试，其最终目的都是要为教学、科研和管理提供智慧性服务。但已有的智慧服务研究，不仅数量少，而且涉及面还相对较窄，主要集中在基于一卡通的校园生活服务、基于大数据的个性化学习服务、基于物联网的校园安全与监控服务等三个方面。

3. 样本论文逐年研究重点分析

2010年智慧校园被初次提及以来，虽相关研究成果逐年大幅增加，但每一年关注的重点并不一样。

2011年，吕倩在《基于云计算及物联网构建智慧校园》一文中首次提出利用云计算和物联网来构建智慧校园，强调利用虚拟化技术整合硬件资源并实现资源的动态分配来构建校园私有云，结合物联网将物理基础设施与网络基础设施互联，从而实现智慧校园[12]。这是我国最早有关智慧校园构建的理论研究成果，它明确了智慧校园最重要的核心技术，并对校园云架构、资源监控、负载管理、动态部署、资源调度等具体问题做了详细叙述。

2012年，黄荣怀等在《智慧校园：数字校园发展的必然趋势》一文中从教育信息化发展趋势的角度分析，认为智慧校园是数字校园的高端形态，并提出"智慧学习环境"应该具备环境全面感知、网络无缝连接、海量数据支持、开放学习环境和师生个性服务等五大重要特征[13]。与此同时，周红春提出当时我国教育信息化的重点是建设智慧校园，并对智慧校园的环境建设、信息服务平台建设进行了深入的探讨[14]。

2013年蒋家傅等结合佛山市禅城区"智慧校园"示范工程，提出利用物联网和云计算等信息技术构建智慧校园的实施方法，并给出了智慧校园的整体解决方案[15]。这是我国最早、最系统的智慧校园应用探索之一，它对智慧校园应具有的标准体系、支撑平台、功能系统等都进行了详细的论述，是当时教育信息化领域的创新性探索。

2014年于长虹等认识到已有的研究对智慧校园的智慧性特征的认识不深刻，于是在《智慧校园的智慧性设计研究》一文中提出忽视智慧性设计的环节，将使智慧校园的智慧性不足，无法达到促进教学变革和提高教学效果的目标[16]，详细说明了智慧性设计的要素与表现，以及智慧性设计的方法与原则，并提出以用户为中心的智慧校园改进模型。

2015年，陈琳等发表了《教育信息化走向智慧教育论》一文，指出我国教育信息化处于量变到质变的临界点，智慧教育正成为教育信息化的新形态，智慧教育正从1.0到2.0快速转型发展[17]。智慧校园1.0关注技术本身，而2.0则关注技术基础之上的教育新秩序与新形态，是信息化元素融入教育后的"化学变化"。这一观点对智慧校园中涉及的智慧教师、智慧学习、智慧课程、智慧评价、智慧创造室、智慧学习平台等六大领域重新进行定义，为2.0时代智慧教育的理论与实践指明了方向。

到了2016年，对智慧校园的技术参考模型越来越有共识。王曦在《"互联网+智慧校园"的立体架构及应用研究》一文中，参考科技部"863计划"智慧城市项目组提出的"六横两纵"的智慧城市技术框架，提出了"六横两纵"的智慧校园体系架构[18]。蒋东兴等则从智慧校园的概念模型入手，提出了高校智慧校园的框架模型，并对智慧校园的成熟度与评价体系进行了分析[18]。至此，智慧校园中智慧类技术、智慧型应用、智慧型服务等内涵越来越清晰，智慧校园的建设方案也越来越规范。

在2017年第二届中美智慧教育大会上，高媛等在《发展教育信息化 推进"双一流"建设》一文中指出，教育大数据是智慧校园的核心大脑，不仅能提供丰富的教学资源、跨时空的交流与互动、精准的教学评价，还可以利用学习分析技术，实现对学习者行为的精准评估与预测[20]。对教育大数据的深度挖掘，是智慧校园建设的终极目标，对构建以个性化学习为主的教育体系意义重大。

4. 样本论文第一作者分析

(1)第一作者单位分析。通过数据整理与分析，所有样本论文第一作者的署名单位可分为普通高等学校、电大与高职高专、中小学、信息技术企业和其他机构五大类，详细数据如图1所示。

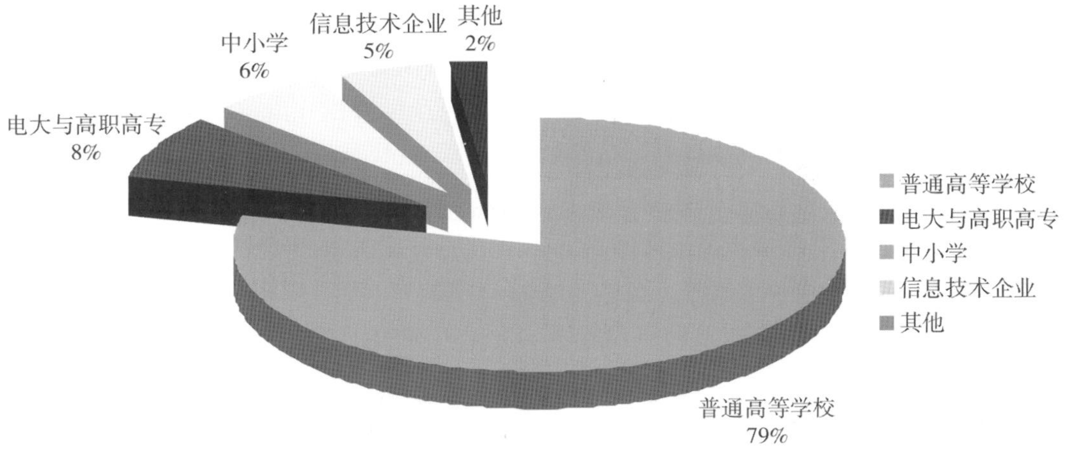

图1　第一作者署名单位统计

从数据上看，普通高等学校是智慧校园论文的主要贡献机构，达到79%。排在第二位的是电大与高职高专，比例达到8%，中小学占6%，信息技术企业仅占5%，其他机构为2%。数据说明智慧校园研究的主力军是普通高校的师生，一方面是因为智慧校园的萌芽来自于高校，另一方面普通高校在理论与技术上的积累更有利于开展智慧校园的研究。电大和高职院校更加注意智慧校园的实践，理论研究还略有欠缺，所占比例都不高。信息技术企业提供了一些智慧校园的解决方案，但对理论研究还不够重视。

(2)第一作者区域分析。本文在统计过程中，把论文第一作者所在区域划分为华东、华南、华中、华北、西南和西北六大地区。其具体的数据如图2所示。

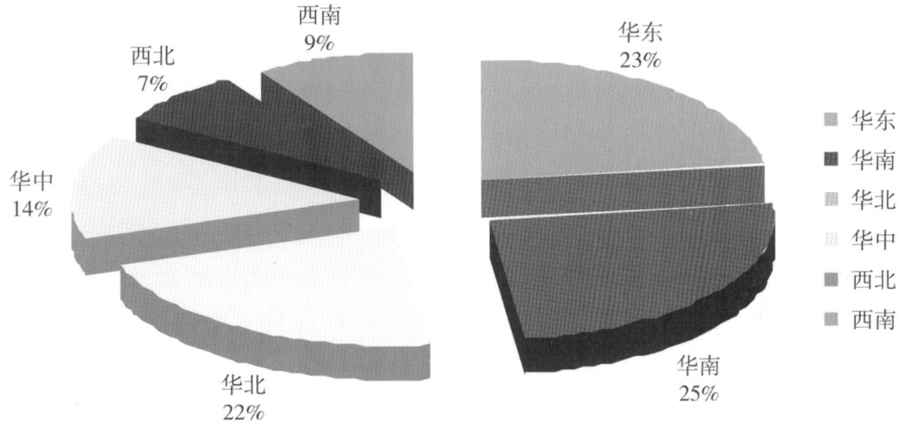

图2　第一作者署名单位统计

从数据上看，我国智慧校园研究现状是不均衡的。华东、华南和华北地区关于智慧校园的研究占到了70%。主要原因有两个方面：第一，这三个区域经济相对发达，能够提供智慧校园研究所需的经费；第二，该区域是我国高等教育最为发达的地区，理论与技术准备充分，便于组合高水平的研究团体。而在经济欠发达的中西部地区，由于缺乏上述先天条件，智慧校园的研究还需要坚持不懈的努力。

四、结语与反思

综上所述，虽然我国智慧校园研究在理论、关键技术、体系构建、实践应用、创新服务等领域取得了很大的成果，但同时还存在以下一些亟待解决的问题，值得深刻反思。

(1)理论研究还不够成熟，不同学者对智慧校园的内涵认识完全不同，各种观点层出不穷，诸如"平台论"、"环境论"、"过程论"、"空间论"等。虽说不同的观点可以相互借鉴，相互促进，但同时由于缺乏统一的标准，无法对智慧校园的应用提供一致性的指导，导致智慧校园的研究方向过于分散。

(2)智慧校园的研究论文虽多，但是高水平的研究成果较少。从统计数据来看，发表在重要期刊上的论文数量只有36篇，仅仅占到整个研究论文的3.1%。这说明，目前的研究还不够深入，水平不高，虽然数量巨大，但大多数的研究是简单重复的。

(3)智慧校园的研究向2.0时期过渡的步伐较慢。目前已有的研究成果更多的关注的是"术"的层面，而对智慧校园最终实现教育信息化的新境界与新诉求的认识不够，对影响智慧校园的智慧性因素还缺乏系统的认识，导致智慧技术融入教育后的"化学变化"还不十分明显。

(4)中小学智慧校园理论与实践的研究远低于普通高校。数据显示，只有6%左右的研究聚焦中小学，说明在考试的压力下，大多数中小学放弃了新的教学模式的探索，这不利于中小学生创新能力与意识的培养。

(5)我国智慧校园的研究与发展还十分不均衡。智慧校园本来是一个很好的实现教育公平的手段，但是我国东南沿海发达地区与中西部地区智慧校园的发展差异明显，不但没有实现教育公平，反而形成了新的教育不公。

◎ 参考文献

[1] 程艳旗．浙江大学智慧型校园探索[B/OL]．[2012-10-22]．http：//wenku.baidu.com/viem/dfe4352c2af90242a895e5e9.html.

[2] 严大虎，陈明选．物联网在智慧校园中的应用[J]．现代教育技术，2011，21(6)：123-125.

[3][15] 蒋家傅，钟勇，王玉龙，李宗培，黄美仪．基于教育云的智慧校园系统构建[J]．现代教育技术，2013，23(2)：109-114.

[4] 胡钦太，郑凯，林南晖．教育信息化的发展转型：从"数字校园"到"智慧校园"[J]．中国电化教育，2014(1)：35-40.

[5] 谢幼如，李克东．教育技术学研究方法基础[M]．北京：高等教育出版社，2006：139- 144.

[6][13] 黄荣怀，张进宝，胡永斌，等．智慧校园：数字校园发展的必然趋势[J]．开放教育研究，2012(4)：12-17.

[7][11][19] 蒋东兴，付小龙，袁芳，蒋磊宏．高校智慧校园技术参考模型设计[J]．中国电化教育，2016(9)：108-114.

[8][9] 杨方琦，杨改学．近十年我国移动学习学术期刊论文的内容分析研究[J]．远程教育杂志，2010，28（6）：39-45.

[10] 黄露，谢忠，罗显刚．感知校园服务平台的设计与实现[J]．测绘科学，2015，9(9)：69-73.

[12] 吕倩．基于云计算及物联网构建智慧校园[J]．计算机科学，2011，38(10)：18-21.

[14] 周红春．高校教育信息化的新发展：信息化教育[J]．电化教育研究，2012(6)：5-11.
[16] 于长虹，王运武，马武．智慧校园的智慧性设计研究[J]．中国电化教育，2014(9)：7-12.
[17] 陈琳，陈耀华，张虹，赵苗苗．教育信息化走向智慧教育论[J]．现代教育技术，2015，25(12)：12-18.
[18] 王曦．“互联网+智慧校园”的立体架构及应用研究[J]．中国电化教育，2016(10)：107-111.
[20] 高媛，张琰，蔡沁知，曾海军．发展教育信息化 推进“双一流”建设[J]．电化教育研究，2017(10)：12-18.

·专论与综述·

文献综述：基于英国大学学院治理研究的思考

何晓芳[1]　任小琴[1]　王　洋[2]
(大连理工大学　高等教育研究院，辽宁　大连　116024)

摘　要：学院治理是近几年来高等教育理论界和实践界研究的热点话题。本文以学院治理为研究对象，通过对"中国知网"与外文数据库关于学院治理文献的分析，研究总结了学院治理的内涵、现状、主体、结构、模式及其影响因素，在英国学院治理研究的基础上来整体把握国内外对于学院及二级学院治理研究的发展脉络，以期更好地促进现代化学院治理体系和治理能力建设。

关键字：文献综述；学院治理；治理现状；模式

A Review of Reflections on the British College Governance

He Xiaofang[1], Ren Xiaoqin[1], Wang Yang[2]
(Graduate School of Education, Dalian University of Technology, Dalian, Liaoning, 116024)

Abstract: College governance is a hot topic in the theoretical and practical circles of higher education in recent years. This paper, taking the college governance as the research object, summarizes the connotation, current situation, main body, structure, pattern and influencing factors of the college governance through the analysis of the "China knowledge network" and the foreign language database on the college governance literature. On the basis of the research of British college governance, we can grasp the college and the two level at home and abroad as a whole. The development of college governance research in order to better promote the modernization of college governance system and governance capacity building.

Key words: Literature review; College governance; governance status; Model

随着我国大学治理体系和治理能力现代化建设的不断推进，二级学院治理无疑成为改革的发力点。作为我国大学课程设置、教学科研和学科建设的基本单位，在大学权力不断下放与学院管理权限逐渐上

收稿日期：2018-06-11

基金项目：辽宁省哲学社会科学规划基金项目：省域高等教育供给侧结构性改革路径研究(L16BGL014)；大连市科学技术协会项目：大连市高校科技创新智库建设机制研究；辽宁省社会科学界联合会项目：辽宁文教体医卫领域供给侧结构性改革研究(2018lslktzd-006)。

作者简介：何晓芳(1979—　)，女，辽宁阜新人，高等教育研究院，副教授，博士。研究方向：高等教育管理，比较高等教育。任小琴(1990—　)，女，河北张家口人，高等教育研究院，硕士。研究方向：教育经济与管理。王洋(1994—　)，女，山西晋城人，高等教育研究院，硕士。研究方向：教育经济与管理。

升的作用下，二级学院逐渐成为大学的治理重心和运行载体。英国高等教育水平在世界上处于领先地位，学院治理模式已有 800 多年的历史传统，可以说真正的大学自治源于英国。任何现象都是特殊性与普遍性的统一，英国大学学院治理的特殊性，往往也蕴含着治理中的普遍性规律。目前，我国学者对英国大学学院治理方面的研究较少，普遍以校级治理为研究主要对象，仅有部分校院关系或内部治理存在于校级治理层面的研究中。因此，本文从英国大学学院治理研究出发，来引出目前国内外学者对学院治理这一领域的研究方向。

一、英国大学学院治理研究现状分析

笔者以“大学治理”为主题，对中国知网文库进行检索，结果共 49 条记录；再以“英国学院治理”为主题进行二次检索，共 3 条记录，检索结果整理如表 1 示：

表 1　**2000 年至今我国学者发表的与“英国大学治理”相关的文献分类统计**

	相关程度		文献分类				文献发表时间段			
数量合计	专题	涉及	国际会议	博士	硕士	期刊	2000—2005 年	2006—2010 年	2011—2015 年	2015 年至今
49	27	18	1	5	7	36	1	14	19	15

将这 49 条记录进行关键词聚类分析，结果如图 1 所示：可以看出，我国对“英国大学治理”领域的研究频次高低依次是英国高等教育、大学治理结构、内部治理结构、学术权力、校务委员会、学术委员会、校长与副校长等，研究主要集中于校级层面治理结构，院级层面的研究普遍内含于校级治理研究中。

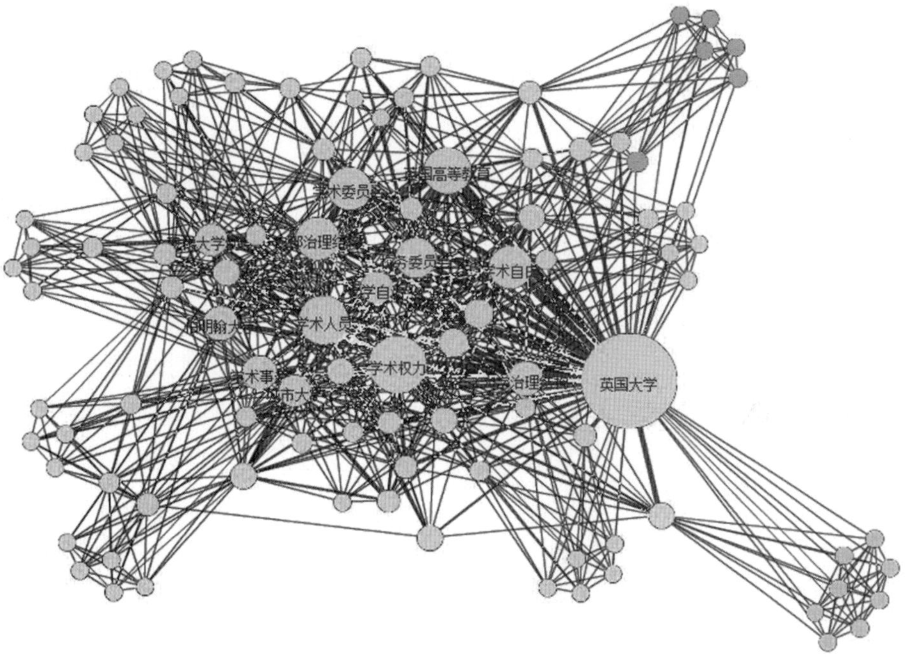

图 1　“学院治理”关键词聚类分析

由上可知，我国学者在英国大学治理方面的研究数量较少，普遍以校级治理为研究主体，仅有部分校院关系或内部治理存在于英国大学校级治理层面的研究中。从2010年前后开始我国学者对大学治理的研究数量逐渐增多起来，这与我国政府自2010年相继出台系列高等教育政策文件有密切关系。由于国家政策的指引和大学治理实践需求，我国学者开始普遍关注大学治理领域的相关问题，甚至深入学院治理层面的研究中。大学治理与学院治理，不仅是目前国内较为热门的研究课题，也是国外高等教育研究领域中的重点。基于此，本文对国内外大学治理及内部治理相关研究进行如下系统梳理。

二、学院治理的相关概念界定

英国学院制起源于中世纪的牛津大学。起初，学院是教会或社会慈善人士为了资助学生而提供的住宿地方，后来随着学生经常在此进行复习、谈论或辩论活动，逐渐演变成学生学习与教授授课的场所。英文文献中的“College”、“Faculty”、“Institute”、“School”、“Department”及“Academy”均可被译成学院。学院制改变了原先教师教学时间、地点不固定的情况，学院教学逐渐发展起来。十四五世纪，学院教学经历了“与大学的公共演讲体系相抗衡，然后超越它”的发展过程，不断得到扩充[1]。15世纪中后期，牛津大学和剑桥大学的众学院陆续聘请来自各学院的院士为本科生开设讲座。由此，大学的教学重心开始从学部转向了各个学院。16世纪中期，学院开始在大学生活中发挥决定性的作用，并独自享有财政及行政管理权力，负责招生、课程设置、教学等活动，整个教育活动的重心从大学转移到了学院，形成了以教学为中心的学院制传统[2]。

目前，学界对学院治理还未达成共识，就其本质内涵而言有以下几点相同点：(1)一种制度安排。沈有禄(2005)认为现代大学及学院治理是指大学所有权与管理权相分离的情况下，关于所有者与代理人之间契约关系的制度安排[3]。高校内部治理本质上就是一种高校内部的制度安排。(2)一种权力制衡机制。由于学院治理中存在代理问题和信息不对称现象，有权力必须有相应的制衡机制，否则没有制约的权力必然会导致腐败现象的产生。学院治理主体，通过授权赋予各利益相关者相应的权力，并在一定范围内行使权力；同时，又通过各治理主体间权力的相互制衡与监督，实现大学目标。(3)一种民主决策机制。大学及学院是一个组织，对于重大问题或决策，必须明确规定处理的办法与规则，各治理主体必须通过一系列的方式方法参与到大学治理与资源分配中来。对于治理结构来说，要使大学控制权与决策权达到合理配置，必须具备一定的程序和机构。因此，大学及学院治理不是一种静态的制度安排，而是一系列相互联系和协调运行的程序和机制。

我国所指的学院通常分为两种类型：一是独立运作的高校，如科技学院、医学院、冶金学院等，这种类型通常是单科技术性学校，培养应用型专门人才；二是作为大学组织机构中的教学科研单元，包括“院、系、所”如“文学院、数学学院、化学系、高教研究所”等，这种类型通常作为大学二级机构存在，担负着教学科研、学科设置、行政管理事务等任务。这与英国独自享有财政及行政管理权力，负责招生、课程设置、教学等活动的学院相对应。同大学治理一样，学院治理结构也是研究学院治理的核心问题，本质就是学院内部决策权力的配置及一系列制度安排，使之能够为高效实现学院治理目标而服务。通常学院治理结构包括治理主体、治理客体和治理机制。在我国，学院治理通常是指院长、院党委书记、教师、学生及行政人员对学院事务的决策过程，机构包括党政联席会、二级教代会、教授委员会；通常英国学院治理涉及的主体要比我国多，包括广泛的校内和校外人士，治理机构包括校长与教务长、董事会、理事会、教授委员会、评议会及学生代表等。

三、治理主体的研究

在研究学院治理时，学院的决策权应该由谁掌握便是首要回答的问题，即谁是学院治理主体的问题。自中世纪学院诞生之日起，无论是素有“学生学院”之称的博洛尼亚学院，还是“教师学院”之称的巴黎学院，其最初无不是教师或学生为了共同的目标而缔约(正式或非正式的契约)的结果[4]。随后出现了学院与更多利益相关者(政府、企业)之间的“缔约”行为，但无不体现出学院“契约性”本质。学院契约性决定了学院是一个“非单一化组织”，同时其非营利性也决定了学院由利益相关者共同治理[5]。根据利益相关者理论，国内外研究普遍将学院治理主体划分为内部治理人员和外部治理人员。内部人员主要包括校长、教务长、高级行政官、教授、学生及其他管理人员；外部人员主要包括政府官员、捐赠者和企业人员。在学院层面，内部成员则包括院长、副院长、行政人员、学术成员、学生及其他辅助人员，外部成员包括地方官员、企业家、捐赠者和访问人员。

关于政府在学院治理中应扮演何种角色，Ewan Ferlie 等在《高等教育体系的治理：公共管理视角》中认为政府应扮演“掌舵”角色，推进学院战略决策朝向国家政策目标[6]。基于所有权视角，Brown(1997)认为学院组织与盈利组织一样存在委托-代理问题，应该把学院看成是理事会、教授会、学术委员会与外部利益相关者集团的联合体[7]。Karl Jaspers(1991)认为学院是教师与学生组成的社团，并提出教师与学生两大利益群体有参与学院治理的必要性。基于教师决策有效性，McCormick 和 Meiners(1988)进行了实证研究，认为教师在“教学评价”、“研究计划”及“课程设置”等方面可以给予有价值的建议[8]。Shattock(2006)则从多元化治理主体视角出发，研究英国学院治理中政府、校长、教师、学生和校外人员及社会公众共同参与学院治理的问题[9]。在学院与学校治理关系中，庄丽君(2015)根据谁负责谁应有发言权，认为学院应在校、院、系各个层面建立起教师参与治理机构，董事会与其他授权主体只有在特殊情况下才享有决定权，且必须征求教师的建议[10]。

我国学者也普遍认同当今学院治理主体已经走向多元化。基于学院现代性与后现代性视角，魏海苓(2005)认为学院治理显然已经成为各方人员广泛参与的“多中心治校”格局，突出地表现出校内各类人员与社会众多力量广泛参与的局面[11]。胡赤弟(2005)则从学院社会责任观出发，认为学院高级行政人员、教授、捐赠者、学生和政府等利益相关者应共同参与学院治理问题[12]。李立国(2016)认为知识的产生已不再局限于学院内部，而是把学院与非学院研究机构、政府部门、企业实验室、社会咨询机构、智库等由网络式结构联系起来共同参与治理[13]。在学院治理层面，谭婷(2015)认为目前我国的二级学院治理普遍并存着四种形式的决策力量：一是党务系统，一般设立了党委(党总支)；二是行政系统，由院长(系主任)作为行政长官；三是学术组织；四是二级教代会，并指出这四种力量基本涵盖了二级学院的各个利益相关者，且在决策格局上相对完整[14]。肖国芳(2017)在此基础上认为学院的权力系统除了以党组织为代表的政治权力系统、以院长为代表的行政权力系统、以教授为代表的学术权力系统、以工会为代表的社群权力系统，还应包括以学生精英为代表的学生权力系统，并指出我国现代学院治理主体是多元化的，主要包括党政领导班子、教师、行政人员、学生及校友等利益相关者[15]。在现代学院治理制度中，仰丙灿(2015)认为实现学院自治主要是实现分权，学校党政部门及职能部门简政放权，转换角色；学院教授委员会行使学院决策权，作为最高权力代表；院长行使执行权，全体教职工行使监督权，各权力主体分权制衡，各司其职[16]。

综上可知，国内外就“由谁治理”这一问题从多个视角进行了较为深入的研究。对于多元化治理主体共同治理已然达成普遍共识，但在参与主体的范围上存在较大差异：第一，我国学院及学院治理缺乏与外界广泛的联系。与国外学院相比我国学院较封闭，社会、企业、投资者较少能够参与到学院决策层面，更不用说通过参与决策来对学院治理发挥作用。第二，治理主体参与学院治理程度或内容有所差异。如国外学院教授享有崇高地位，校长由教授和相关人员选举产生等决策，是我国学院不具备的条件，而我国“党政联席会议”则是独具中国特色的治理主体，在我国学院治理过程中发挥着重要的作用。

四、治理结构与模式的研究

治理结构作为现代化学院制度的基石，不仅是学院治理制度设计的着眼点，而且也是区分各国学院治理模式异同的关键[17]。伯顿·克拉克提出的学院组织的“矩阵结构”与“底部沉重”，迈克尔·科恩和詹姆斯·马奇提出的“有组织无政府状态”，以及查尔斯·彼德韦尔等人指出的“科层制与松散联结的混合体”等观点均阐述了学院结构的复杂性，而这些复杂性尤其体现在学院组织中[18]。王建华(2017)指出不同国家处理校院关系有不同的模式，欧洲模式是“松散联合”的学术自治组织，美国模式是专业学院与分权的学院组织，英国模式是“学院的联邦”，而我国更像是一种上下级的行政关系[19]。甘永涛(2007)根据英国学院治理结构变迁史，将其治理结构划分为“牛桥”的“学者自治”、城市学院的“学者主导”、联合学院的“联邦制”、新学院的“共同治理”和92后学院的“双会制”五种类型[20]。郑成琳(2011)在研究剑桥学院内部治理结构时，从剑桥摄政院、学院理事会、总学系委员会三大部门以及校长、副校长、教务长和学监这几位主要领导人方面研究了剑桥内部治理结构及权力运行机制，其中最重要的是学院理事会、总学系委员会和副校长[21]。樊亚明、王凤玉(2013)对华威学院内部组织框架进行了研究，认为华威学院是一个由学校和系组成的扁平化结构，基层治理则主要依靠各个系，然后以副校长带领的管理团队为核心进行管理[22]。而对于院系层面的研究则主要集中在院系层面的决策机构研究上，如《高等教育机构内部治理新模式》[23]。

学院治理模式是学院治理结构相互作用形成的较稳定的运行机制，随着学院组织结构的不断变化而发生着相应的改变。Clark(1983)将一国的高等教育系统置于国家权力、学术权威和市场力量的“三角张力”之中，在此基础上，将学院治理模式划分为官僚制协调、政治协调、学术协调和市场协调四种模式[24]。以“权威-目两分法”为反映学院自治程度的关键指标，Bauer 和 Askling(1999)在“权威-目两分法”框架内演绎出洪堡模式、纽曼的自由主义模式、贝纳的社会主义模式和市场模式四种学院治理模式[25]。Braun(1999)在前人的基础之上，从信念系统、实质理性和程序理性三个要素出发，按其不同的组合方式，将20世纪七八十年代学院治理模式归纳为共享模式(英国为代表)、寡头/科层制模式(日本为代表)、顾客/市场模式(美国为代表)这三种治理模式[26]。McNay(1999)基于对 Clark 三角协调模型的改良从政策控制和实践控制两个维度，将学院治理分为共享模式、科层模式、法人模式和创业模式。在校院治理关系中，郭书剑(2017)通过对美国、英国和日本国立学院治理的研究，指出美国学院内部基本是由教授会、院长及执行委员会等主要治理主体构成的横向治理多中心模式，这保证了学院内部治理的分权化和民主化；英国内部治理可以概括为“学院制基础上的联邦模式”，学院权力来源于基层学院，整个学院治理制度形式由基层权力配置和运行决定；日本以部系治理为主，各个学部学科设立相近的学院进行协同教学和研究，每个学部设有教授会来主管课程设置、学生招生及教学与科研事务，学部部长统筹管理学部总体事务、主持教授会和监管学术、行政人员[27]。

对于我国二级学院治理结构与模式的研究，历史较短，最近几年逐渐增多起来。考察我国二级学院治理结构的发展历史，不同的时期大致出现过：“院长负责制”(政在上位)、“院党总支领导下的院长负责制”(党在上位)、民国时期“教授会制”(学在上位)、新近的“党政联席会制”等治理模式[28]。夏拥军等(2015)从学院“三重一大”决策制度出发，指出构建党政联席会议、院党委会、院学术委员会等多元化的决策主体，其中党政联席会议是最高决策机构，院党委会是学院的政治核心，院学术委员会由学院教授组成，主要对学院教学、科研方面的学术问题进行决策[29]。贾玉明等(2016)从学术力量、行政力量和市场力量三个维度，运用权变思想将我国学院治理分为学术主导、行政主导和市场主导这三种治理模式，并得出学院在改革与发展中要全面协调好行政、学术及市场之间的关系[30]。张德祥教授(2016)从政策层面和实践层面更加全面科学地梳理了我国院系治理的变迁过程，并将其分为1949—1989年领导体制探索期、1989—2009年党政联席会议制度形成期和2010年至今内部治理结构完善期这三个时期，指出二级学院是学院治理制度的核心所在，应给予二级学院更多的关注[31]。

由上可以看出，不同国家的学院治理模式，在不同的历史时期具有不同的发展路径。学院治理框架不仅是各利益相关者之间互相博弈的结果，更多的受所处国家的社会、历史和文化传统的影响。英国从中世纪学院开始，便具有自己的历史传统。虽然学院治理从教会控制、国家控制发展到学院主导，但学术自由的传统得到了很好的继承和发扬。学院是英国"学院中的学院"，具有不受外界任何力量干涉的一整套决策机制，普遍实现的是"学术自治、集体决策、共同治理"的模式。随着我国二级学院治理在学院治理中作用的凸显，越来越多的学者关注到二级学院治理，并从章程建设、决策机制、治理结构设计、权力监督机制等方面提出了重要看法。我国学院治理权力也在逐渐释放到二级学院，正在慢慢实现由"校办院"向"院办校"模式转变。

五、治理关键因素的研究

在研究学院治理时，我们不得不思考：学院治理结构发展的内在逻辑是什么？哪些内在的和外在的因素影响着学院治理结构的形成？是否有一种最好的治理结构来平衡各利益相关者的权益？学院治理的本质要义是：基于行政权力和学术权力的利益相关者博弈均衡的概要表征，即利益相关者从自身利益最大化出发，最大限度地在治理制度上施加影响，使之更有利于自身[32]。因此，制度设计是学院治理的首要关键问题。制度设计的目的是最大限度地释放学院的本质功能，促进学院的办学活力和效率。理论上，对治理要义的理解产生过两种观点：Brown(2001)认为学院治理的要点是通过共同治理来平衡所有相关者的利益[33]，而Shattock(2002)则认为是平衡行政机构所拥有的法定权力和教师团体所拥有的专业权力[34]。可以看出，学院治理目标的实现，最终将取决于制度能否平衡好利益相关者之间的权力关系。学院的权力边界分为横向权力和纵向权力，理论上横向权力边界较为明晰，学术权力是基于学术事务的权力，行政权力是基于行政事务管理的权力。但现实中往往两种权力边界较模糊，原因恰是在实践中权力拥有者的交叉任职而导致的纵向权力边界模糊。谢凌凌(2015)认为西方学院的行政权力是基于学院发展内生的，具有服务性，无论是政府或院校的官僚权力，均服务于学院事务。在这种状态下，呈现出的是一种"学院术、小行政"的特点，而我国的恰好相反[35]。在二级学院治理中，最主要的校院关系的主体地位，在我国大多数学院中，二级学院仍然是隶属于学院组织的生产车间，仍然没有突破传统的校院关系，二级学院办学主体地位没有得到充分落实[36]。

治理途径的实现也至为关键。Cornforth和Edwards(1998)将学院治理实现途径分为三种：第一，作为社会或学院主要负责人，来确保利益各方促进治理目标的实现；第二，处于管理顶层，掌握制定和决策的权力；第三，作为不同利益群体代表，提供治理政策和平衡各方利益诉求。第一种主要是监督和追责，第二种是制定和决策，第三种二者兼有[37]。在学院真正治理过程中，平衡各利益相关者权力存在一个明显缺陷，相比校长与学术委员会在学院治理中的权力而言，理事会治理能力相对疲软。这是由于校长或学术委员会成员有更多的机会参与到学校实际事务中，由于信息不对称而导致监管乏力(Bennett，2002；Edwards，2003；Buckland，2004)[38]。因此，Shattock(2006)就英国学院治理提出了校外人士问责制，探讨如何有效监督行政权力与学术权力的运行[39]。基于场域理论，张世爱(2018)指出学院场域是学校中各种复杂矛盾的多元位置之间存在的多元关系网络，是有形与无形的整体集合与各种力量的不断重组，学院原有的管理模式很大程度上制约着学院权力结构与改革驱动力结构之间的回应方式和相融程度。因此，打破学院原有的管理模式和权力结构，构建多方参与、共同治理的多元治理结构是学院治理改革的大势所趋[40]。

在我国不断推进学院治理体系和治理能力现代化进程中，治理的重点是权力的配置与监督。随着我国政府逐渐向学院放权，及学院规模的日益扩大，势必导致学院向二级学院等基层组织释放更多的权力。郭书剑、王建华(2017)从学校这一庞大组织自身的管理压力及学院自身规模日益扩大与组织日益复杂的角度肯定二级学院治理的必要性；基于"校-院-系"三级组织治理结构，认为学院作为学院内部治理的关键一环，是科研、教学、人才培养及管理的重心，指出学院治理的可行性；最后论证了学院治理对于增强基层组织自主性、调动师生积极性及推进治理现代化意义重大[41]。我国对于二级学院治理的研究中免不了会对二级学院中权力机构进行研究，如姜华(2011)通过编制角色冲突量表(也称 RHL 量表)对高校二级学院院长的学术角色与行政角色在高校二级学院进行测量，指出高校二级学院院长存在中度以上的角色冲突，种种角色冲突是由于职位而引起的，并不随院长性别、年龄、任期等有显著性差异[42]。王海龙等(2014)在探索高校二级学院治理综合改革路径下，提出应以"教师评聘制度为抓手"、"课程质量提升为行动"和"学院章程建设为机制"不断突破二级学院治理不畅难题[43]。但目前国内外对学院层面的治理问题研究相对较少，使得文献分析不够全面。

六、研究结论

综上所述，学院治理已经受到了国内外学者的广泛关注，但是通过分析和总结国内外已有相关文献，发现存在"三大区别"：第一，与国外相比，我国学者对学院治理研究的深度不够。我国目前的研究普遍停留在学院治理的政策变迁、特点和章程的分析上，没有深入各主体之间权力作用关系及运行机制。第二，我国对学院治理的研究多局限于理论上的研究，缺乏实证研究。我国大部分研究缺乏实证考察及实践的检验，普遍停留在理论研究层面。第三，局限于学院内部权力关系的研究，缺乏对学院与社会、学院与政府和学院与企业之间权力分配、权力类型及权力监督的研究，比较单一和封闭。

同时，目前我国的研究普遍存在以下"三多三少"现象：第一，对学院校级治理层面的研究较多，而对二级学院治理层面的研究较少；第二，在二级学院研究中对组织变革研究居多，对二级学院治理机制研究较少；第三，与此同时，大多数文献是基于理论上的逻辑推理，相关实践和实证研究较少，普遍回答的是"应然范式"而非"实际怎样"。这与张德祥教授等(2017)在对我国二级学院治理研究中，提出的"三多三少"[44]结论不谋而合。本文借鉴已有的研究文献的成果，针对当前理论和实践需求，系统梳理、分析和总结了英国学院治理模式，有助于探索符合我国国情的现代化学院的二级学院治理路径。

◎ 参考文献

[1][6] Ewan Ferlie, Christine Musselin, and Gianluca Andresani. The governance of higher education systems: A pulic mangement perspective[M]//Catherine Paradeise, Emanuela Reale, Ivar Bleiklie, Ewan Ferlie. University governance: Western European comparative perspectives. Dordrecht: Springer, 2009: 3-6.

[2][21] 郑成琳．剑桥大学治理结构研究[D]．武汉：华中师范大学，2011.

[3] 沈有禄．明晰公办高校产权，建立现代高校法人治理结构[J]．复旦教育论坛，2004(6)：72-75.

[4][17][31] 李维安，王世权．大学治理[M]．北京：机械工业出版社，2013：3-33.

[5] Trakman, Leon. Modelling university governance[J]. Higher Education Quarterly, 2008, 62(1~2): 63-68.
[7] Brown, William. Jr. University governance and academic tenure: A property rights explanation[J]. Journal of Institutional and Thcorctical Economics, 1997, 153(3): 441-461.
[8] McCormick, Rrobert E. and Meiners, Roger E. University governance: A property rights perspective[J]. Journal of Law and Economics, 1988, 31(2): 432-442.
[9] Shattock, M. Governance and managementin universities: The way we live now[J]. Journal of Education Policy, 2006, 14(3): 271-282.
[10] 庄丽君．美国大学和学院治理结构与特征研究——董事会制度、校长责任制和教师评议会[J]. 世界教育信息, 2015, 28(13): 14-18.
[11] 魏海苓．论大学治理的现代性与后现代性[J]. 高等教育研究, 2005(3): 23-27.
[12] 胡赤弟．高等教育中的利益相关者分析[J]. 教育研究, 2005(3): 38-46.
[13] 李立国．大学治理：治理主体向治理规则的转向[J]. 江苏高教, 2016(1): 8-18.
[14] 谭婷．治理理论视角下高校二级学院决策机制研究[J]. 高教探索, 2015(7): 10-11.
[15] 肖国芳，彭术连．治理视阈下高校二级学院分权治理研究[J]. 江苏高教, 2017(2): 37-38.
[16] 仰丙灿．学院自治：大学内部治理结构优化的路径选择[J]. 复旦教育论坛, 2015, 13(5): 19-24.
[18] 张德祥，李洋帆．二级学院治理：大学治理的重要课题[J]. 中国高教研究, 2017(3): 6-11.
[19] 王建华．学院的性质及其治理[J]. 中国高教研究, 2017(1): 13-17.
[20] 甘永涛．英国大学治理结构的演变[J]. 高等教育研究, 2007(9): 88-92.
[22] 樊亚明，王凤玉．英国华威大学内部治理结构及其特点[J]. 重庆高教研究, 2013(2): 109-112.
[23] Norback, Lars Erik. New modes of internal governance of higher education institution: The case of gateborg university[J]. Tertiary Education and Management, 2000, 6(1): 57-75.
[24] [美]伯顿·克拉克．高等教育系统——学术组织的跨国研究[M]. 王承绪，译．杭州：杭州大学出版社, 1994.
[25] Bauer, Marianne andAskling. Berit. Transforming universities: Changing patterns of governance, structure, and learning in swedish higher education[M]. London: Jessica Kingsley Publishers, 1999.
[26] Braun, Dietmar and Merrien, Francois-Xavier. Towards a new model of governance for universities? A comparative view[M]. London: Jessica Kingslry Publishers Ltd. , 1999.
[27] 郭书剑．我国大学学院治理问题研究[D]. 南京：南京师范大学, 2017.
[28] 严蔚刚．教授委员会在高校二级学院治理结构中的地位[J]. 复旦教育论坛, 2013(4): 49-52.
[29] 夏拥军，尤树林，章法洪．高校二级学院落实“三重一大”集体决策制度的实践与思考[J]. 中国农业教育, 2015(3): 78-81.
[30] 贾玉明，王佳方．高校学术权力与行政权力的诉求冲突与调和[J]. 现代教育管理, 2016(7): 34-39.
[32] 张德祥．1949 年以来中国大学治理的历史变迁——基于政策变革的思考[J]. 中国高教研究, 2016(2): 29-36.
[33] Brown Jr. W. O. Faculty participation in university governance and the effect on university performance [J]. Journal of Economic Behavior & Organization, 2001(44): 129-143.
[34] Shattock, Michael. L. Rebalancing modern concepts of universities governance[J]. Higher Education Quarterly, 2002, 56(3): 271-282.

[35] 谢凌凌．大学学术权力行政化及其治理——基于权力要素的视角[J]．高等教育研究，2015，36(3)：41-45.
[36][44] 张德祥，李洋帆．二级学院治理：大学治理的重要课题[J]．中国高教研究，2017(3)：6-11.
[37] Cornforth，C. and Edwards，C.．Good governance：Developing effective board-management relations in public and voluntary organizations[M]．London：Chartered Institute of Management Accountants，1998.
[38] Bennett，B. The new style boards of governors-are they working? [J]．Higher Education Quarterly，2002(56)：287-302.
[39] Shattock，Michael. Managing good governance in higher education [M]．New York：Open University，2006.
[40] 张世爱．国内高校试点学院治理改革的经验、问题与改进[J]．黑龙江高教研究，2018(1)：66-69.
[41] 郭书剑，王建华．论学院的治理及其意义[J]．江苏高教，2016(5)：36-40.
[42] 姜华．高校二级学院院长的角色冲突[J]．中国高教研究，2011(10)：56-59.
[43] 王海龙，杨秋波，曾周末．高校二级学院综合改革的实施路径[J]．中国高等教育，2014(Z3)：38-40.